THE ORIGIN OF EVIL

悪の起源

ライプニッツ哲学へのウィトゲンシュタイン的理解

黒崎 宏
Hiroshi Kurosaki

春秋社

はじめに

私は多読ではない。気にいった本を繰り返し読むタイプである。かつてはウィトゲンシュタインの本を愛読していたが、近頃は『老子』と『荘子』を愛読している。第2章は、『老子』と『荘子』を読んで心に響いた文章を引きながら、私の思いを文章にしたものである。これに対し第1章は、いろいろな機会に書いた小文で、今読んでも残しておきたいと思うものを、ほぼ年代順に並べたものである。最後の16「許しと救い——石牟礼道子『苦海浄土』（全三部）」は、最近その本で、「人を憎めば我が身はさらに地獄ぞ」という、ぞっとするほど深い言葉に出会い、書かずにはいられなかった文章である。第3章は、「すべては言語的存在である」という後期ウィトゲンシュタインの立場から数年前に書いたライプニッツについての小論で、思いもかけず最終段階で「悪の起源」に思い到ったものである。この問題は、私の長年胸につかえていたものであったが、これでやっとその胸のつかえが下りた感がした。それで、それをこの本の表題とした。

この本全体は、種々雑多な問題が論じられているが、まとめてみると、いろいろな意味で「内在」という語が処々にキーワードとして使われているのに気付く。この点は、注目しておいていただきたい。特に、ライプニッツの単子論は「内在」の形而上学——もっと正確には、「言語的内在」の形而上学——である、と言っている所に注目して頂きたい。これは、ライプニッツ哲学へのウィトゲンシュタイン的理解である。そして私は、これこそがライプニッツ哲学を理解する鍵ではないか、と思う。そして、もしもそうであるとすれば、私には、一見荒唐無稽にも見えるライプニッツの哲学に、得心がゆく。それで私は「ライプニッツ哲学へのウィトゲンシュタイン的理解」という副題を付けた。

私としては、第2章の6「無執故無失」(執着無きが故に、失うもの無し)を人生訓として、これからのそう長くはない人生を生きてゆきたい、と願っている。

コラムとして、「生死一如」という小話をつけた。これは、本書を書いているときに、自然と私の脳裏に浮かんでいたイメージである。

更に、もう二つコラムをつけたが、その一つは、私がこれまで読んできた本の思い出を、感慨とともに振り返ったものである。この本を読んでくださる方の読書の指針に、幾らかでも参考になれば幸いである。ただし、この本に関係する分野の本に限った。それ以外の分野の本では、物理学の本が多かった。文学については、夏目漱石を唯一の例外として、ほとんど読まなかった。漱石の本は、岩波文庫で、ほとんど全て読んだが、それは、和辻哲郎が漱石を恋人のように慕っていたからである。漱石の作品では、『行人』が一番印象深かった。いくらか読んだ外国の文学では、ドストエフスキーの『カラマーゾフの兄弟』とアンドレ・ジッドの『狭き門』が記憶に残っている。前者は、何回か繰り返し読んだ。後者は、ジェロームとアリサの悲恋の物語であるが、高校時代、通学の電車の中で読み継いだ。これは、私の青春の思い出の一齣である。今でも、「アリサ」という名前は懐かしい。また最後のものは、この拙著をお読み頂いた方が、私を大変な〈反-科学〉者であると誤解するおそれを感じたからである。しかし私は決して〈反-科学〉者ではない。むしろ〈親-科学〉者である。しかし私の科学観は、普通と少し違うかもしれない。そこで私は、私の科学観を少し述べて、この本を閉じることにした。

悪の起源　目次

悪の起源——ライプニッツ哲学へのウィトゲンシュタイン的理解

I　哲学的断章

1　語り得ぬもの――「内在」（1）

我々は、「今日は月曜日である」（A）という言明から、「明日は火曜日である」（B）という言明を推論することが出来る。このことは疑い得ない。

しかし我々はその根拠として多くの場合、「もし今日が月曜日ならば、明日は火曜日である」（L）という仮言命題を持ち出すが、それはおかしいのではないか。なぜなら、AからBへの推論の成立は、Aの意味によるのであるから。Aは、その意味上、Bを含んでいるのであり、したがって、AからBへの推論が可能になるのである。そしてLは、AからBへの推論の動きを、基礎づけるのではなく、ただその外側から表わしているに過ぎないのである。意味によるAからBへの動きを「力学的」と言えば、その動きだけを形式的に表しているLは、いわば「運動学的」なのである。Lは、推論の根拠を表しているのではなく、推論の「形」を表しているのである。

我々がAからBへ推論するとき、たしかにその推論はLという形を示している。しかし我々は、Lに訴えてAからBへと推論するのではない。そして実は、もし我々がLに訴えてAからBへ推論するとすれば、直ちに無限後退に陥るのである。

なぜならその場合には我々は、Aと並べてLをエックスプリシットに書き込まざるを得ず、そうすると今度は、AとLからBを推論できる根拠を明らかにしなくてはならなくなるから。したがって我々のAからBへの推論は、たしかにLという形に従ってはいるが、しかし我々はそれを、Lに訴えて行ってはならないのである。

ところで、AからBへの推論を可能にするものは、AとBの間の論理的関係ではないのか。そうだとすれば、論理的関係とは意味関係に他ならないことになる。そしてLは、その論理的関係の形骸にすぎないのだ。

したがって、論理を学ぶということは、意味を学ぶことであり、それゆえ言語を学ぶことに他ならないのである。言語を学ぶことの他に、論理を学ぶことがあるわけではない。論理は、いわば、言語に内在しているのである。したがって我々は、言語を学ぶことの他に、Lのような推論の形骸を学ぶ必要はない。

ここにおけるキーワードは、「内在」である。そして西欧的理性の枠の中で考えても、論理というものは、言語に内在している事によって、形式的に取り出せば直ちに形骸化し、ものの用には立たなくなるのである。それは、いわば言語の中で生きているのであり、言語化を拒んでいるのである。それは丁度、魚は、水の中で生きているのであり、外に取り出されるのを拒んでいるのと同じようなものである。このことは極めて示唆的であると思われる。西欧的理性の枠の中で考えても、論理というものは、言語に内在することによって、本当は言語では語り得ないものとなっているのである。それは、本当はすべて本来、言葉にはなし得ないもの——語り得ぬもの——なのである。

最後に、ウィトゲンシュタインの印象的な一文を挙げておく。

『推論を正当化するものとされる——フレーゲやラッセルにおけるがごとき——「推論法則」は、意味をもたず、余計なものであろう』(『論理哲学論考』5・132)

2 「描く」という事について――「内在」(2)

ここに一枚の絵があるとする。それは、一人の婦人が一人の子供を抱いている絵である。我々は自然にそこに「親子」の「関係」を見てとることが出来る。しからばその絵は、その二人の間の「親子」という「関係」を描いたものだ、と言えるであろうか。そういう言い方はいかがなものか。

「親子」という「関係」は、その絵の中に、いわば示されているのであって、描かれていると言うのは、適当ではない。カンバスに「親を描く」とか「子を描く」とか言うことは一応意味をなすが、カンバスに「親子関係を描く」と言うことには抵抗がある。「親子関係」は、一定の配置の下に、親を描き、子を描いてゆくうちに、自然にその絵の中に示されて来るのであり、その他に改めて描き込まれるべきものではない。それは、すでにその絵の中に「内在」されているのである。もしここで、その二人の間の「親子関係」を明示するために、二人を線で結び、そのそばに「親子」と書いたらどうなるか。そうすれば我々はその絵に「親子関係を描き（書き）込んだ」ことになるのか。そうはならない。その場合は、その絵はもはや、「何らかの対象を描く」という本来の意味では、絵ではなくなっているから。当の親子が実際に紐で結ばれており、そこに「親子」と書いた札がついているわけではないからである。要するに関係は、一定の配置の下に関係項目を描くことによってその絵の中に内在され、間接的に示されるのであって、関係項目抜きに直接描くことは出来ないのである。ポイントは、関係はその絵に内在しているのだ、という事である。ここにおけるキーワードは「内在」なのである。

ところで、その母親が実は聖母マリアであった、としよう。しからばこの事を絵に描くことは出来るであろうか。今度は、関係ではなく、関係項目そのものを描くことはできるであろうか、と言う問題である。例えば、その絵の母親の横に、それと並べて、ただ「聖母マリア」と書き込んだらどうであろう。その場合我々は、もとの絵に「この母親は実は聖母マリアである」という事を描き（書き）込んだことになるのか。そうはならない。この場合にも、その絵はもはや、本来の意味では、絵ではなくなっているから。その母親の横に、「聖母マリア」と書かれた札が実際にある、というわけではないからである。要するに、絵の中に描かれた項目——母親、子供、等々——が実は何であるかという事は、当の絵の中には描き込めないのである。

絵の中に描かれた項目が実は何であるかという事は、その絵の背後にある物語の中で明らかにされるのであって、絵そのものの中では描かれないのである。否、描けないのである。例の母親が、実は聖母マリアである、という事を多くの人が知っているのは、その絵の理解の背景に、その絵が教会の中にあり、かつ、聖母マリアについての物語が周知の事実としてあるからに他ならない。

物語には、よく挿絵がついているが、そこに登場する人物が如何なる人物であるかは、物語の中で語られるのであって、挿絵を見ただけではわからない。物語あっての挿絵であって、その逆ではない。

さて、関係は、関係項目を描くことによって、間接的に示されるのであって、関係項目抜きに直接描くことは出来ない。そしてその関係項目は、絵の中に描かれたとしても、それが実は何であるかという事は、絵の中では描けないのである。

その他にも、そもそも絵には直接描けないもの、あるいは当の絵には描き込めないものが、たくさんある。例えば、絵の制作過程を当の絵に描き込むことは出来ない。もしそれを描きたければ、別の「物語つきのアニメーション」として描かなくてはならない。しからば、そもそも直接には描けないものに、どんなものがあるのか。さきにそのようなものとして「関係」をあげたが、「力」とか「必然的結合」とかも、そのようなものではないか。「力」をベクトルとして描くのは説明のためであり、自然のなかに矢印があるわけではもちろんない。自然にあるのは、運動学的に考えれば、物の変形とか運動とかであり、アニメーションを以てしても、それしか描けないはずである。ヒュームは「如何なる力も必然的結合も決して発見できない」と言ったが、実は、アニメ的にも「決して描けない」と言ってよいであろう。

例えば「力」は、物から物への作用であって、物なしにはそもそも存在し得ない。そして、たとえ物があったとしても、力は物ではないのであるから、直接それを描くことは、やはり不可能なのである。力は、物の変形とか（加速度を有する）運動に、いわば示されているのである。力は、その状況に、いわば「内在」しているのである。加速度をつけて飛んでいく飛行物体には、眼には見えないが、力が働いている、という事が示されているのである。力は、その状況に「内在」している、というわけである。人工衛星打ち上げの瞬間のロケットの運動が好例である。

以上の教訓は何であろうか。それは、真に大切なもの――事の本質――は、描けない――肉眼では見えない――という事である。

3　古典について

古典とは秀抜の義なり

これは私がまだ二十歳代であった時に聞いた言葉であり、それ以来、いまだに耳の底に残っているものである。この言葉には、ある故事来歴があるのであるが、今はそれには触れない。要するにこの言葉のポイントは、「古典」であるためには「昔の」という属性は必要ではない、ということである。したがって、明日真に優れた著作がものされれば、それは直ちに「古典」である、というわけである。

ところで最近私は、飯田利行氏の『大愚良寛の風光』（国書刊行会、昭和六十一年）という本の中で次のような文章に巡り合い、かつて「古典とは秀抜の義なり」という言葉を聞いた時と同じような、あるいはそれ以上の衝撃を受けた。それは、

『正法眼蔵』と『永平広録』は、「法華讃」の注釈書である。

というものである。ただし、これには少し説明が必要であろう。

『正法眼蔵』とは、言うまでもなく、日本における曹洞宗の高祖・道元の主著である。そして『永平広録』は、その道元が興聖寺・大仏寺・永平寺などで大衆に説いたものを、弟子の懐奘が全十巻にまとめたものである。これに対し「法華讃」は、良寛が法華経を讃え、その精髄を漢詩にして歌ったものである。さて、道元は一二〇〇年に生まれ一二五三年に没している。これに対し良寛は、一七五八年に生まれ一八三一年に没しているのである。したがって良寛は道元より五百五十八年も後の人であるわけであり、そのうえ良寛自身も曹洞宗の僧として、道元を師と仰ぎ、『正法眼蔵』を読んでいたのである。ところが飯田氏によると、道元の『正法眼蔵』と『永平広録』が、それより五百年以上も後の、しかも法孫にあたる良寛の「法華讃」の注釈書である、というのである。

もちろんこれは、全く常識に反している。注釈書というものは、本来既存の書物に対してのものであり、五百年以上も未来に生まれるであろうものに対して予め注釈書を書くなどということは、全く考えられないからである。しかし、飯田氏の言わんとすることも理解できる。彼によれば、道元の『正法眼蔵』と『永平広録』を注釈書として用いることなしには、良寛の「法華讃」を十分に理解することは不可能である、というのである。後者は、前二者に対してそのような関係にある、というのである。

哲学の場合で言えば、昔の古典に対する我々の態度は、一般には、それを注釈するとか、解説するとかであり、せいぜいそれを種にして自分の拙い思想を展開する、といった程度のものである。しかし、さきの飯田氏の文章は、そこにはもう一つ別の可能性がある、ということを示唆していると思われる。少なくとも、そう取ることが可能である。それは、昔の古典を自分の思想の注釈書としてしまうような思想を展開する、ということである。元来、注釈書というものは原本あってのものである。そして注釈書の存在理由は、言うまでもなく、その原本にあるのである。したがって、古典を自分の思想の注釈書とするということは、古典の存在理由を自分の思想が引き受ける、ということである。もちろん、これは、大それたことに違いない。そして飯田氏も「法華讃」にそこまでのことを言っているわけではない。しかし、自らの思想を展開する以上、それくらいの気概は持ちたいものである。そして、もしそのような思想が展開できれば、それこそまさに真の意味で「古典」と言うに値しよう。真の意味で、新しい「古典」の誕生と言うに値しよう。

4　教師について

良寛の戒語に「さとりくさきはなし（話）」、「学者くさきはなし」、「茶人くさきはなし」、「風雅くさきはなし」というのがある（『良寛全集』下巻、東郷豊治編著、東京創元社、四一六〜七頁）。良寛はこれらの「くさきはなし」を嫌ったのである。したがって良寛は、当然「教師くさきはなし」をも嫌ったであろう。何事によらず、「くさきはなし」は嫌なものである。

ところで道元は『正法眼蔵』の「現成公案」において、「諸仏のまさしく諸仏となるときは、自己は諸仏なりと覚知することを須《モチ》ゐず」と言っている。「仏がまぎれもなく仏であるときは、自分は仏であると自覚する必要はない」というのである。言い換えれば、「悟った人がまぎれもなく悟った人であるときには、自分は悟った人であると自覚する必要はない」というのである。「自分は悟った」という自覚に付き纏われている限り、いまだ真に悟ってはいないのである。真に悟った人は、ある意味で、「自分は悟った」という自覚が必要ではあろうが、しかし、その自覚に付き纏われてはならない、その自覚からも自由でなくてはならない、というのである。付き纏って離れない自覚は、実は、真の意味では自覚ではなく、単なる妄想であろう。

同じような意味で、真の教師は、「自分は教師である」という自覚は必要ではあろうが、しかし、その自覚に付き纏われてはならない、その自覚から自由でなくてはならない、と言えると思う。これを要するに、「我は教師なり」といった教師面をした教師くさい教師は真の教師ではない、ということである。そして、そのような教師くさい教師の話は「教師くさきはなし」であろう。

念のため付言すれば、「教師らしい教師」というのは、決して悪いものではない。それは、「教師くさい教師」とは区別されなくてはならない。そしてまた、「教師らしくない教師」というものも、積極的に評価されなくてはならないであろう。

5　私は私である

ウィトゲンシュタインは、その前期の主著『論理哲学論考』の序文において、次のように言っている。

この本は、哲学的諸問題を取り扱っている。そしてこの本は、私の信ずるところによれば、それらの哲学的諸問題が提出されるのは、我々の言語の論理が誤解されているからである、ということを示している。

即ち、ウィトゲンシュタインによれば、我々が哲学的諸問題に悩むのは、我々が我々の言語を誤解したから、なのである。したがって、哲学とはその誤解を解く努力であり、その誤解が解ければ、我々は哲学的諸問題から解放されるわけである。そしてこの様な哲学観は、彼の生涯を貫いていた。

さて、我々が我々の言語の論理を誤解する仕方にも様々あるが、哲学的諸問題の大きな源泉の一つが、物の世界での出来事を語る「物の言語」と心や人間における出来事を語る「心の言語」（あるいは、同じ意味で「人（格）の言語」）の混同である。我々は「物の言語」にあまりにも慣れ親しんでいるので、ついつい、それでもって心や人間における出来事をも考えてしまう。例えば、我々は心臓を「持っている」。このあまりにも自明の事実に慣れ親しんでいるので、我々はついついそれをモデルにして、例えば、私は希望を「持っている」、などと言う。では、何処に持っているのか。これに対し、心に、と答えるとすれば、では、心は何処にあるのか、という事になる。そして我々は困惑する。

確かに我々は、一般には、希望を「持っている」と言って何の問題もない。しかしその持ち方は、我々が胸に心臓を持つ持ち方とは全く違うのである。私が「私は希望を持っている」と言うとき、それは、私は、心臓を胸に持っているように、希望なるものを何処かに（例えば、同じく胸に）持っている、という事では全くない。それは、言うなれば、私は「私は希望を持っている」と言われる状態にある、という事なのである。ここにおいては、私とその状態は一体不可分——二つにして一つ——なのである。その状態の他に、それとは別に、白紙の私なるものが有るわけではない。その状態とは無関係な私が先ずあって、その白紙の私なるものが、今は希望を持っている、というのではないのである。今の私は「希望を持っている私」であり、これが最小単位であって、これ以上分割する事は出来ない。したがって、「私は希望を持っている」と言うことは、いわば、「(希望を持っている) 私は希望を持っている」という事になる。すると、これは同語反復ではないか、と言われるかもしれない。しかしそれは、希望を持っている私の自己展開であり、「告白」(表出) であって、十二分に意味のある言明である。

さて、そのような告白的言明を全て集めれば、それが即ち、私なるものの表現に他ならない。もちろんそのような事は、現実には不可能である。しかし理念としては、そのようにして表現された私なるものは、考えられるであろう。そうすると、「私とはカクカクシカジカの私である」という事になる。そしてこの「カクカクシカジカ」は、限りなく続く。そしてここに、この世で唯一無二の存在としての私なるものが成立する。私は、かくして成立した私なるものの存在を、「私は私である」と言って表現したいと思う。主語の「私」は、主題設定としての「私」であり、述語の「私」は、その私がこの世で唯一無二の存在であることを示す「私」である。私にとって、彼は複数可能であり、彼女も複数可能である。しかし私にとって私は、この私唯一人なのである。この重大な事実、私のこの絶対的唯一性、これを私は「私は私である」と言って表現したいのである。私は、私以外ではあり得ないのであるから、である。『歎異抄』には、「弥陀の五劫思惟の願をよくよく案ずれば、ひとへに親鸞一人《いちにん》がためなりけり」という行があるが、この親鸞一人が、ここで言う「絶対的唯一性」であると思う。

ところで、「私は私である」という言明には、もう一つの意味がある。それは、その言明は、「私は動物ではない、植物ではない、鉱物ではない、……、神ではない、天使ではない、悪魔ではない、……、彼ではない、彼女ではない、……、脳ではない、……」という事を含意しているから。同語反復（同一律）「AはAである」は、二重否定「AはAでないものではない」を介して、無限に多くの内容をインプリシットに（陰伏的に）含んでいるのである。

更に、もう一つ、言うべきことがある。それは、龍樹の『中論』の論法にしたがえば「去るものは去らず」なのであるから、「私なるものは私にあらず」という事になるのではないか、ということである。〈去るもの〉は、その上更に去ることは出来ないのであって、したがって、〈去るもの〉は去らないのである。この論法でゆけば、〈私なるもの〉は、既に私なのであって、その上更に私であることは出来ないから、〈私なるもの〉は私ではないのである。簡単に言えば、「私は私ではない」のである。「私は私である」という同語反復命題は、無意味である、あるいは、恒真である、などではなく、論理的には全くの誤りなのである（この論点については、第1章の10「龍樹『中論』私抄」を参照）。

ここで私は、鈴木大拙が禅の論理として定式化した「即非の論理」を思い出す。これは、公式的に書くと、こうなる。

A、即非A、是名A。（Aは即ちAに非ず。是をAと名付ける。）

ここに、対象化できない或るものがある、とする。それを、念頭に思い浮かべて（対象化して）「A」と呼ぶ。しかしそれは、実は対象化できないのであるから、「A」と呼ぶと的外れになる。そして、そのようなものこそが、実はAなのである。

さて、私なるものは、そのような対象化できないものではないのか。刃は、自らを対象化して、自らに切りつける事は出来ない。眼は、自らを対象化して、自らを見る事は出来ない。同様に、私なるものは、自らを対象化して、自らを意識する事は出来ないのである。

そうであるとすれば、「(念頭に思い浮かべられた)私は即ち私に非ず」ということになる。要するに、「私は私ではない」のである。そして、そのようなものこそが、実は真の意味での私なのである、というわけである。禅の立場からすれば、こういう事になるのではないか。

これらの例からも分かるように、言葉というものは非常に複雑な深い問題を抱えているのであって、「私は私である」なんて当たり前ではないか、などと簡単に片づけられる問題ではない。

6　行為論二題

1　行為の構造——理由と表出

ある人が強盗に襲われた、とする。彼は確かにその強盗の顔をしっかりと認識し、覚えていた。しかし彼はそれを言葉でうまく表現することは出来ない。「細面で、色白で、キツネ目で、……」といった人相の特徴くらいしか、言葉で表現出来ないのである。かといって彼は、画才がないので、その顔をうまく描くこともできない。しかし、警察がたくさんの顔写真を持ってきたので、その中から一枚を「これだ！」と言って選び出すことが出来たのである。

この場合、彼は確かに犯人の顔をしっかりと覚えている、という確信があった。そしてこの事は、たくさんの顔写真の中から一枚を確信をもって選び出すことが出来た、という事によって、証明されたのである。

このことは何を物語っているのであろうか。それは、犯人の顔を覚えているという事は、犯人の顔を選び出す事が出来る、あるいは、犯人の顔を確認する事が出来る、という事と、概念上独立ではない、という事である。如何なる仕方においてであろうとも、犯人の顔を確認することが出来ないならば、彼の「犯人の顔を覚えている」という確信は、妄想であったのである。少なくとも、そう言われても仕方がない。抗弁の余地がないのである。

そうであるとすれば、今の例で「覚えていたから、選び出す事が出来た」とは言えるとしても、それは、概念上の関係（ウィトゲンシュタイン的に言えば、文法上の関係）であって、法則上の関係ではない事になる。法則上の関係であるならば、前件は後件と概念上独立でなければならないからである。

さて、「覚えている」という事には、何らかの構造があるであろうか。もし「覚えている」という事に何らかの構造があるとすれば、当然、それは法則に支配されている事になる。何故なら、構造があれば部分があり、部分があれば相互作用があり、相互作用は法則に支配されているから。したがって当然、「覚えていたから、選び出す事が出来た」という事も、法則上の関係にならなくてはならない。しかし「覚えていたから、選び出す事が出来た」という事は、いま述べたように、概念上の関係――文法上の関係――なのである。そうであるとすれば、「覚えている」という事には構造はない、あってはならない、という事になる。したがって「覚えている」という事――「記憶」――は事象ではない、という事になろう。構造のない事象は、考えられないからである。事象はその周辺と何らかの相互作用をする。そしてこれは、構造無しには不可能であろう。

次に同じ論点を、別の観点から「意図」を例にして考えてみよう。

意図が事象であるとすれば、意図について意識することが出来るはずである。ところが、「意図についての意識」とは「意識された意図」の事である。ところが、意識された意図――即ち対象化された意図――は、実は意図ではない。これには、少なくとも二つの理由がある。

(1) もしも意図が意識され得るとすれば、その意識された意図に従うか否かが、改めて問題となる。したがって意識された意図は、行為とは直接かかわる事が出来ない。この場合、行為と直接かかわるのは、意識された意図に従うか否かの決断であり、この決断自体は、意識されてはならないのである。さもないと無限後退に陥るから。これは、意図は本来意識され得ないものである、という事を物語っている。したがって、意図と意識された意図は同じではない。

(2) もしも意図が意識され得るとすれば、その意識された意図には、純粋な持続がある。しかし、意図には純粋な持続が存在しない。したがって、意図と意識された意図は同じではない。(1)

そしてこれらの事は、意図は意識出来ないという事、したがって、意図は事象ではない、という事を物語っている。

意図は事象ではない、という事は、次のようにしても証明できる。

もしも意図が事象であるとすれば、意図は偶然的法則に従うことになる。すると、可能世界W_1では意図Aから行為A_1が生じ、別の可能世界W_2では、その同じ意図Aから行為A_2が生じる、という事が可能になる。しかし、意図がどういう意図であるかは、それから生じる行為によって決定される。したがって、或る可能世界W_1では意図Aは意図A_1であり、別の可能世界W_2では、その同じ意図Aが意図A_2である、という事になる。即ち、「意図」はリジッド（rigid）ではない（指示を固定しない）、という事になる。しかし「意図」は、本来リジッドな（指示を固定する）ものである。それ故、もしも意図が事象であるとすれば、意図はリジッドであり、かつ、リジッドではない、という矛盾が生じる。したがって、意図は事象ではないのである。(2)

意図は事象ではない。そして同様に、意味、規則、知識、信念、目的、技術、等々も事象ではない。これらは、言わば、身についたものであり、本来意識出来ないものなのである。

実は、身についたものは本来意識出来ないものなのであり、その意味で、意識に対して「透明」なのである。我々は、眼鏡のレンズはもちろんのこと、肉眼も、視神経も大脳も見えない。それらは、見るという本来の仕事に関しては、透明なのであり、また、透明でなくてはならないのである。何故なら、そうでなくては「見る」というそれ本来の機能を果たし得ないから。同じ意味で、例えば、探り棒で地面を叩くとき、そこに感じられるのは地面の硬さであって、探り棒自体は透明であり、また、透明でなくてはならない。この場合、もちろん、探り棒を持っている手も透明なのであり、また、透明でなくてはならないのである。更に言えば、その本来の機能を果たしているときには、身体も透明なのであり、また、透明でなくてはならない。もちろん我々の身体は、普通の意味では透明ではない。しかし身体というものは、外から見られるためにあるわけではない。

さて、この「透明」という比喩を用いれば、事象ではない意図、意味、規則、知識、信念、目的、技術、等々も、透明なのである。そして我々の行為は、透明なこれらに基づいて、行われるのである。意図について言えば、意識出来ない意図――透明な意図――に基づいて、行為は行われるのである。

しからば、行為というものは、意識出来ない――透明な――ものから生まれるのであろうか。ある意味では、その通りである。行為は、例えば、意図から生まれるのである。しかし実は、行為は事象であるのに、意図は事象ではない。したがって、ここで「生まれる」という言葉を用いるのは、本当は適当ではない。行為は、当人によって、まさに行われるのである。そして、その理由が求められれば、そこで初めて「意図」が語られるのである。したがって、意図は行為の原因ではなく、理由なのであり、行為は意図の結果ではなく、表出なのである、と言えよう。

(1)「純粋な持続」(echte Dauer) という概念は、後期のウィトゲンシュタインがその『断片』において用いたもので、心的概念の分類に本質的役割を演じたものである。詳しくは、拙著『言語ゲーム一元論——後期ウィトゲンシュタインの帰結』(勁草書房、一九九七年)を参照して頂きたい。例えば、「今年中に論文を仕上げよう」という意図は、眠っている時は勿論のこと、眼ざめている時にも、四六時中意識しているわけではない。しかし、決してその意図を忘れているわけではない。このような存在様式を、「持続」はしているが「純粋な持続」は存在しない、と言う。バークリーの有名な「エッセ=ペルキピ」(存在するという事は、即ち、知覚されている、という事である)は、存在を「純粋な持続」が存在する時に限るのであるが、ウィトゲンシュタインはもっと広く、存在を意識していない時まで認めるのである。彼においては、言語ゲームこそが存在の基盤なのである。

(2)この証明は、下記の論文に負っている。

N. Malcolm, Intention and Behavior, in *The Philosophy of G. H. von Wright,* (eds.) P. A. Schilpp and L.

E. Hahn. Open Court, 1989.

II 行為と慣習——「私的行為は不可能である」

行為の問題を考えるとき、必ず直面せざるを得ない問題は、目的とか規則とかを念頭に思い浮かべるとき、その念頭に思い浮かべられたものと当の行為との間の関係を如何に理解するか、という問題である。何故なら、この場合、念頭に思い浮かべられるものも行為も、ともに何らかの事象であり、したがって我々は、事象間の関係の問題に直面しているわけであるから。ヒュームによれば、事象間には必然的関係は存在し得ない。そこに存在し得るものは、偶然的関係のみなのである。ところが、目的とか規則とかと行為の間の関係は、偶然的関係ではあり得ない。かくして我々は大変困難な問題にぶつかる、というわけなのである。

この問題は、ウィトゲンシュタインによって、『探求』において以下のように論じられた。但し、話を具体的にするために、次のような場面を想定する。

私は車で京都に行こうと思っていた。目的地は京都である、というわけである。私は或る丁字路にぶつかった。そこには道しるべが立っていて、右向きの矢印の下には「京都」、左向きの矢印の下には「伊勢」と書いてあった。それを見て私は、躊躇なく右折した。即ち、私の行為は、私の目的とその道しるべによって、決定されたのである。

この例では、規則の代わりに道しるべが用いられている。しかもそれは、念頭に思い浮かべられるのではなく、視覚的に見えるのである。そしてこの方が、むしろ問題を明確にするであろう。

ウィトゲンシュタインは、先ず、次のように問う。

> 規則の表現——例えば、道しるべ——は、私の行為と如何に関わっているのか。両者の間には如何なる結合があるのか。（第一九八節）

そして、次のように答える。

> 私はこの記号に対して一定の反応をする様に訓練されている。そして、私は今その様に反応するのである。（第一九八節）

この答えに対しては、次の様に反論されるであろう。

その様な答えだけでは、君はただ、［両者の間の］因果的結合を述べているだけであり、また、如何にして我々は今や道しるべに従うという事になったのかを説明しているだけであって、この記号に従うという事が本来何において成り立っているのか［という、この記号に従うという事の内的メカニズム］を述べてはいない。（第一九八節）

これに対し、ウィトゲンシュタインは答えて言う。

そうではない。私はまた次の様な事をも指摘したのである。人は、道しるべの恒常的使用、道しるべの慣習、が存在する限りにおいてのみ、道しるべに従うのである。

（第一九八節）

私は道しるべに対して「一定の反応をする様に訓練されている」という事は、一定の目的のために道しるべを立てるという慣習が、私が生活しているこの社会には存在するからに他ならない。その様な慣習が存在しない社会においては、道しるべなるものは存在し得ないであろう。

そうであるとすれば、人が「道しるべに従う」という事は、その社会における「道しるべに従う」という慣習を実践している事に他ならないのである。そしてこの事は、ただ単に「道しるべに従う」という事のみについて、ではない。ウィトゲンシュタインは、次のように言っている。

規則に従うという事、報告をするという事、命令を与えるという事、チェスをするという事、これらは慣習（[恒常的] 使用、制度）である。（第一九九節）

例えば、「規則に従う」という事は、「規則に従う」という慣習の実践なのである。かくしてウィトゲンシュタインは、次のように言うのである。

「規則に従う」という事は「、解釈ではなく、「規則に従う」という慣習の」実践である。そして、「その様な慣習から離れて、ただ」規則に従うと信じる「だけの」事は、規則に従う事ではない。そしてそれ故に、人は［「規則に従う」という慣習から離れて、ただ］規則に「私的に」従う事は出来ない。何故なら、さもないと、規則に従うと信じる［だけの］事が、規則に従う事と同じになろうから。（第二〇二節）

『探求』のこの部分は、「私的言語は不可能である」という事の核心を述べているものと見なされる事が出来る。しかし実はこの部分は、ただ単に言語のみに関わるものではない。ここで述べられている事は、規則に従う事のみならず、報告する事、命令を与える事、チェスをする事、……といった行為全般についても妥当するのである。即ち、ここで述べられている事は、「私的行為は不可能である」という事を述べているものと見なされ得るのである。ウィトゲンシュタインは『青色本』において、次のように言っている。

私はチェスをしようと思う。ところが或る人が白のキングに、その駒の使用には何の変化も与えずに、紙の冠をかぶせる。そして私に言う。このゲームにおいてこの冠は、彼にとって、規則によっては表現不可能な意味を持っているのだ、と。私は言う。「その冠は、その駒の使用を変えない限り、私が意味と呼ぶものを持ってはいない。」

ここにおける「白のキングに紙の冠をかぶせる」という行為は、「私的行為」であろう。それは、実は、「行為」と言われるべきものではないのである。

7 科学者の科学知らず――〈言語的存在〉論

科学を知る方法には二つある。一つは、科学の中に入り、実際に科学をすることであり、もう一つは、科学の中には入らず、科学を外から眺めることである。要するに、〈内からの方法〉と〈外からの方法〉である。前者に従って行く者は、結局は専門の〈科学者〉になり、後者に従って行く者は、結局は専門の〈科学哲学者〉になる。そして現実には多くの場合、〈科学者〉は幾分かは〈科学哲学者〉でもある。しかし、その逆は成立しない。

もちろん、〈外からの方法〉が可能であるためには、幾らかでも〈内からの方法〉によって科学を知っていることが不可欠である。しかし、両者の方法は根本的に異なっている。

〈内からの方法〉では現実に科学を自ら実践するのに対し、〈外からの方法〉では現実に科学者が実践していることを客観的に観察するのである。

ここで大切なことは、〈外からの方法〉では、現実に科学者が実践していることを一つの現象——文化現象——として客観的に観察するのであって、科学者が科学について言うことに耳を傾けるのではない、という事である。科学者は、えてして、科学について語りたがる。そして科学者が科学について語ることは、多くの場合、人々に誤解を与え、時には全くの誤りなのである。〈科学者の科学知らず〉というわけである。

東京大学の解剖学の教授であった養老孟司氏は、その著『唯脳論』（青土社、一九八九年）において、「唯脳論」という説を展開している。その要点は、以下のようである。

1 脳と心の関係の問題、すなわち心身論とは、実は構造と機能の関係の問題に帰着する、ということである。（三〇頁）

2 心は実は脳の作用であり、つまり脳の機能を指している。（三一頁）

3 脳と心の関係とは、心臓と循環、腎臓と排泄、肺と呼吸の関係と、つまりは似たようなものである。（三四頁）

4 「心」は、再言するが、あくまでも神経系の機能である。(五五頁)

〈脳〉があり〈心〉――〈心的事象〉――がある。この事については、何の疑いもない。問題は、両者の関係である。この関係を、養老氏は、〈構造〉と〈機能〉ないしは〈作用〉の関係であるとするのである。循環が心臓の機能であり、排泄が腎臓の機能であり、呼吸が肺の機能であるのと似て、心は脳の機能である、というわけである。

ここで問題は、「機能」という概念である。循環が心臓の機能である、ということは、心臓の収縮が血液に圧力を与えて血液を循環させる、ということである。排泄が腎臓の機能である、ということは、腎臓が血液中の老廃物を抽出して排泄させる、ということである。呼吸が肺の機能である、ということは、肺は酸素を吸収し炭酸ガスを排出させる、ということである。それら何れにおいても、事柄は全く科学的なのであって、そこには何の問題もない。循環が心臓の機能である、と言うときの循環は〈血液の循環〉であり、排泄が腎臓の機能である、と言うときの排泄は〈老廃物の排泄〉であり、呼吸が肺の機能である、と言うときの呼吸は〈酸素と炭酸ガスの交換〉である。即ち、それらにおける機能では、すべて物が物を相手にしているのである。

それでは、心は脳の機能である、と言うときはどうであろうか。確かに〈機能〉というものは、心がそうであるように、物ではない。それには、大きさもなければ、質量もない。しかしそれは、先の例が示しているように、物が物を相手にして初めて言えることなのである。したがって、心は脳の機能である、と言えるためには、何れにせよ、物である脳の相手になる物がなくてはならない。しかし、そのような物は存在しない。勿論、脳の相手になる物は存在する。それは、脳から出てゆく神経系である。しかし、脳が脳から出てゆく神経系に及ぼす機能が心ではないことは、言うまでもない。かくして、唯脳論は破綻する。

もう一つ例を挙げよう。慶應義塾大学の心理学の教授である西川泰夫氏は、その著『心の科学のフロンティア――心はコンピュータ』（培風館、一九九四年）において、「心はコンピュータである」という説を展開している。氏によれば、心は〈記号の処理システム〉なのである。そして、〈記号の処理〉とは計算なのである。したがって氏によれば、心は〈計算のシステム〉であるということになる。このような氏の立場は、「心の計算論」とも言われるものである。それは、心の働きを、記号の操作・処理つまり広い意味での〈計算〉、として捉える立場である。そしてその当然の帰結として、「心はコンピュータである」と言われることになる。

さて、「心はコンピュータである」と言われるとすれば、そのプログラムは如何なるものであろうか。ここで、現に生きている人間を考えよう。それは、他人であっても自分自身であっても、かまわない。この場合、そのような人間の心（コンピュータ）のプログラムは、如何にして知られ得るのか。実は、如何にしても知られ得ないのである。何故なら、現に生きている人間のこれまでの人生は有限であり、したがって、そのような人間のこれまでの人生に適合するプログラムは、論理的には無限に可能であるから。要するに、「心はコンピュータである」と考えた場合、現実の人間に対しては、そのプログラムは論理的に決定不能なのである。かくして「心はコンピュータである」という考えは、現実の人間論としては、完結しえないのである。

それでは何故、科学者が科学について言うことが、多くの場合人々に誤解を与え、時には全くの誤りなのか。それは科学者という人種は、時には科学の外に出て現実の生活世界において科学というものが果たしている役割——更には科学というものにおける出来る事と出来ない事——を正しく見極める、ということが少ないからであろう。そして実は、それが非常に難しいのである。

例えば科学として、〈生命〉の科学や〈心〉の科学ではなく、それも巨視的な〈物〉の科学、を取り上げよう。それは、大は太陽系から小は我々の周囲にある諸々の物を対象にすることが出来る、と言われている。それでは、我々の周囲にある〈物〉とは如何なるものであろうか。

手近な例として、黒板をとりあげよう。黒板は少なくとも、(1)その上にチョークで書くことが出来る、(2)書いたものを黒板拭きで簡単に消すことが出来る、という二つの条件を満足していなくてはならない。したがって、或るものが「黒板」と言えるためには我々は、そのものの(1)(2)のような〈未来〉について、知っていることが必要なのである。その意味で「黒板」と言われるもの——即ち黒板——には、〈意味上〉その未来が含まれているのである。

もちろん黒板は、日々古びてゆく。そして我々はこの意味で、黒板の未来を知っている。しかしだからといって、或るものが「黒板」と言えるために我々は、〈そのものは日々古びてゆく〉という意味でのそのものの未来を、知っている必要はない。我々はそのことを、或るものが「黒板」と言われた後に、そのものの自然法則上の性質として、経験的に知るだけなのである。ここでむしろ大切なことは、黒板は日々古びてゆくのであるから、今日の黒板は昨日の黒板と同じではない、ということである。それ自体が持っている性質――例えばその黒さ――に関する限り、昨日と今日では同じではあり得ないからである。しかし、それにもかかわらず今日の黒板は昨日の黒板と、或る意味では同じ黒板なのである。それは、今日の黒板は昨日の黒板と時間–空間的に連続しているからである。この意味での同じを「同一」と言うとすれば、今日の黒板は昨日の黒板と〈同じ(same)〉ではないが〈同一(identical)〉である、と言える。そしてこの、今日の黒板は昨日の黒板と〈同一〉であるという事は、今日の黒板には、〈意味上〉そのような過去が含まれている、ということに他ならない。だいたい、過去の無いもの――今突如として出現したもの――など、あるとすれば、それは幻覚であろう。

このように黒板には、意味上〈未来〉と〈過去〉が含まれている。我々が或るものを「黒板」と言うとき、即ち、我々が或るものを〈黒板〉という概念で把握するとき、そこにはその或るものの〈未来〉と〈過去〉が含意されている。そしてこれが、我々の黒板についての認識の仕方である。したがって、或るものを黒板として認識するという事は、単に感覚的な事ではない。もちろん、感覚がなくては黒板の認識は不可能である。しかし同時に黒板の認識には、その或るものの〈未来〉と〈過去〉についての判断が含まれている。

そしてその黒板の認識を表すのに、意味上その〈未来〉と〈過去〉を含んでいる〈黒板〉という概念を、即ち「黒板」という語を、使うのである。そしてそこに、黒板という存在が成立する。したがって黒板という存在は、意味に満ちた〈言語的存在〉なのである。それは、〈黒板〉という概念と不可分な一体をなしている。「黒板」という語の無いところには、黒板は存在しないのである。

ついでに、もう少し黒板にこだわってみよう。或るものが、たとえ先の二つの条件(1)(2)を満足していても、それだけでは、それは未だ「黒板」とは言えない。或るものが、先の二条件を満足していても、それを塀代わりに使うということも十分に有り得るのであるから。実は黒板というものは、それ自体がもっている性質によって、自動的に「黒板」と言われるのではない。黒板とは、人間によって〈黒板〉として使われるものなのである。人間あっての黒板である、というわけである。したがって、もしも人類が絶滅すれば、黒板は消滅する。このことは、もしも人類が絶滅すれば「黒板」という語も消滅するという事からも、明らかであろう。後に残るものは、言語表現を超えた混沌——否、混沌とすら言えないもの——なのである。

さて、黒板のような全く卑近な物ですら、以上で見てきたような様々な存在性格を有している。そして同様なことが、我々の周囲にあるその他の物についても言えるという事は、見やすいであろう。ところで、そのような物を科学の対象として扱うと、どうなるであろうか。その場合には、以上で見てきたような様々な存在性格は、全て捨象されてしまう。そして物を、当然と言えば当然であるが、科学が扱える限りのものとして、扱うのである。それでは科学は物をどのように扱うのであろうか。

科学が物を扱う基本方式は、先ず、或る時点での物の状態を明らかにし、次に、その状態の時間的変化を法則に従って求める、というものである。したがってそれは、少なくとも、時間的には原子論的なのである。時間を無限小の時間に微分し、それらの微分された時間における物の状態同士は、意味上独立であるとして取り扱われるからである。微分された時間における物の状態同士は、単に法則的に関係づけられている、とされるのである。ところが先に見たように、我々の周囲にある物は、時間的には反-原子論的存在である。それには、意味上その〈未来〉と〈過去〉が含まれているからである。要するに科学は、時間的には反-原子論的存在を時間的には原子論的に扱うのである。したがって科学が物を扱うと、その物の時間に関する反-原子論的性格がすべて失われてしまう。科学では、世界を構成している意味に満ちた〈言語的存在〉を、そのありのままの姿において扱うことは出来ないのである。科学では、例えば、先祖代々の家宝の壺は、今ここにあるただの壺――否、「壺」とさえも言えない物体――と化してしまうのである。ましてや、生命や心に関しては、なおさらである。しかし、この事を肝に銘じて見極めるという事は、決して容易なことではない。そしてこのことが、科学者が科学について言うことが、多くの場合、人々に誤解を与え、時には全くの誤りである根源である。

ついでに一言。今日、多くの科学者は、精神現象は脳科学によって説明できるはずだ、と思っている。しかし、これは全く誤解なのである。何故なら、精神現象と脳現象は、このように一対一対応をしているとしても、それはたまたまこの現実世界においての事であり、この現実世界と自然法則の異なる別の可能世界においては、別様に一対一対応をしているかもしれないのであって、したがって、脳状態がコレコレであるから、意志がシカジカである、という事は、予測ではあっても、説明にはなり得ないのであるから。説明とは本来、必然的推論でなくてはならないのだ。数学での証明がそうであるように。

最後に、ニーチェの印象的な言葉をあげておく。

「神は死んだ！　……それも、おれたちが神を殺したのだ！」と狂気の人間は叫んだ。

（『悦ばしき知識』）

もしかして今では、科学者たちが人間を殺そうとしている、と言ったら言い過ぎであろうか。

8　テクスト身体論序説——命題の現象学・「内在」（3）

話を少し長い引用で始めたい。

ここで私は長くためらったが、今宵の今現在、過去の星がじかに見えているのだ、という結論に達した。したがって、視覚風景は過去の透視風景であり、それは空間的奥行きとともに、それと連動する時間的奥行きをもつのである。現在の視覚風景は、現在に至る一連の歴史を透視する風景なのである。更にその一連の歴史とは、諸物からの光が私の眼に到達する因果的経過の歴史である。したがって、視覚風景は因果系列を逆方向に透視する風景なのである。そしてこの因果系列は眼がその終点ではない。眼から網膜、視神経、脳、と続く。……そして視覚風景はこの因果系列の逆透視、すなわち、……脳↓神経↓網膜↓水晶体↓空気↓物、という方向への透視風景なのである。正常な状況ではこの系列は最終端の不透明体以外は透明である。正常な脳もまたこの「見透し（みすかし）線」上では透明である。……私はこの透視構造を視覚に限らず、聴覚、痛覚、その他の知覚風景にも拡張できると思う。

ここでの「私」は大森荘蔵氏であり、引用は同氏の著『新視覚新論』（東京大学出版会、一九八二年）のvi〜vii頁からである。私は、同氏の「見透し線」を視覚に限らず、聴覚、痛覚は勿論のこと、想起や読み、要するにありとあらゆる精神現象にまで拡張し、それを「志向線」と呼ぶことにする。言うまでもなく、精神現象はすべて「志向的」であるからである。しかしそうすると、想起や読みの場合には、因果系列を逆方向に透視するという「見透し線」の本質は失われるのではないか、と言われるかもしれない。確かに、そうかもしれない。しかし、想起や読みは、空間的奥行きとともにそれと連動する時間的奥行きをもった四次元世界の或る時空点における出来事の、今現在の私への立ち現われであり、したがって「私の想起」「私の読み」と言われるのであって、その観点からすれば、逆に「私」を起点として志向的にその出来事に到っているのである。そこで私はそのルートを「志向線」と言ったのである。したがって我々は、「志向線」を実体的に考えてはならない。それは、経験を把握するための、言わば補助線なのである。

ここから本論に入る。

経験とは、言うまでもなく、私の経験である。その経験の対象を、私からその対象までの志向線の終点という意味で、経験の「フロンティア」と言うとすれば、手で物に触れるとき、その触覚経験のフロンティアは触れられた物の表面である。しかし音楽会で演奏を見るとき、その視覚経験のフロンティアはステージ上の演奏風景であり、その演奏を聴くとき、その聴覚経験のフロンティアは、そのステージ上での演奏である。

ここで少し注意をしておこう。先ず第一に、経験の「フロンティア」は私の経験に属している、ということである。或いは、私の意識に属している、と言ってもよい。そもそも、私の経験、私の意識、に属さないものは何もない。したがって、触れられた物、見られ聞かれた演奏も、私の経験に属しているのである。始めに、物あるいは演奏があって、それを私が触れたり見たり聴いたりするのではない。勿論、始めに見られているものがあり、それに、同じく見られている私の手が近づいて触れる、という事はある。しかし、この場合には、見られる前に、それに先立って或るものがあるわけではない。あらゆる経験に先立つもの――物自体といったもの――は、我々の人生には無意味なのである。

第二に、演奏を聴くとき、音楽がステージから私の方に飛んで来るのではない。確かに音波はステージから私の方に進んで来る。しかし音は進んで来ない。ましてや、音楽は進んで来はしない。音楽はステージ上で鳴っているのである。これが、経験における事実、意識における事実、である（この点については、大森荘蔵氏の『流れとよどみ』産業図書（一九八一年）の7「音がする」を参照）。そしてこの事実を記述するのに、「志向線」という補助線を使うのである。ステージ上で鳴っている音楽は、私からその音楽までの志向線の終点にある、というようにである。そのようにして私は、私とその音楽を繋ぎたいのである。

私のこの思いの背景には、この現実世界――生活世界――を四次元的に完全に記述し尽くしたい、という私の思いがある。科学の思想は、この現実世界を物の世界として四次元的に完全に記述し尽くす、という事である。これに対し私の思いは、その裏返しとして、この現実世界を言語ゲームの世界として四次元的に完全に記述し尽くす、という事である。そして実はむしろ、この言語ゲームの世界としての現実世界の方が表の世界であり、科学の描く世界の方が裏の世界――影の世界――なのである。

実験心理学の創始者フェヒナーは、一八七九年に『昼の光景対夜の光景』という奇妙な表題の本を出版した。ここに「昼の光景」とはこの日常の生活世界のことであり、「夜の光景」とは、科学者の描く世界のことである。そしてフェヒナーによれば、「昼の光景」は、科学者がいくら追い払っても、必ず戻ってくるのである。しかし現実には、フェヒナーが予想したほどには、「昼の光景」は戻ってはこない。そこで一部の人々が「昼の光景」を引き戻す努力を始めた。その一つ――特に組織的な努力の一つ――が、後期フッサールの現象学に他ならない。私がこの論考に「命題の現象学」という副題をつけたのは、私はこの論考で命題を「昼の光景」の中で見ようとしたからである。

さて、杖で地面を叩くとき、触角経験のフロンティアは杖の先端に対する地面の接触部分になる。この場合、杖は私の身体の一部であり、私の手の延長である。このことは、眼をつぶって杖で地面を叩くとき、非常によく実感できる。地面の堅さを確認するために杖で地面を叩く場合、我々は地面の堅さを直接感じて確認する。この場合、私の身体も杖もこの触覚経験に対しては透明なのである。この場合、或る場所に「堅い」という感触があるのみであり、それ以外には何もない。私の身体も杖も、そして「私」という自我もないのである。或る場所に在る「堅い」という感触、それのみが、その時の私の世界の全てである。勿論、私の身体も杖も、普通の意味では存在し、かつ透明ではない。しかしそれは、それらを横から視覚的に見た場合であって、地面の堅さを確認するという場合には、それらは存在から消え失せ、透明になり、また透明でなくてはならないのである。身体と杖が触覚的に透明でなくて、どうして地面の堅さを直接感じることができようか。

演奏会をテレビで視聴するとき、その視聴経験のフロンティアは時空的に遠く離れた演奏会のステージ上の演奏である。この場合、テレビの画面から撮像管まで、そしてスピーカーからマイクロフォンまでは、私の身体の一部であり、私の眼と耳の延長である。ここにおいて、私の眼とテレビの画面、そして私の耳とスピーカーの間が空間的に離れているという事は、問題にならない。物のレベルでは、私の眼とテレビの画面の間は光でつながっており、私の耳とスピーカーの間は音波でつながっている。そして意識のレベルでは、私の眼とテレビの画面の間にしろ、私の耳とスピーカーの間にしろ、それらを含めて、私から当の演奏まで、その志向線に沿って、脳、感覚器官、物的装置を含めて、全てはその存在を失い、透明になっているのであるから。したがって、正しくは、途中の空間をも含めて、私から撮像管とマイクロフォンまでを、私の身体の一部であり、私の眼と耳の延長である、とする事ができよう。

私は寝坊してクロワッサンを一つほおばって家を出た。私は今この事実を思い出した。この場合、私のこの想起経験のフロンティアは、その事実――即ち〈私は寝坊してクロワッサンを一つほおばって家を出た〉という事実――である。そして私は夜その事実を日記に書いた。即ち、私は日記に「私は寝坊してクロワッサンを一つほおばって家を出た」と書いたのである。

後日、私は古い日記を読んでいたら、「私は寝坊してクロワッサンを一つほおばって家を出た」という文章に遭遇した。そして私は、全く記憶にはないのだが、その日には〈私は寝坊してクロワッサンを一つほおばって家を出た〉という事実があったのだ、という事を知った。この場合、私の読み経験のフロンティアは、昔のその事実、その日の〈私は寝坊してクロワッサンを一つほおばって家を出た〉という事実である。

要するに、命題「p」を読んで得られる読み経験のフロンティアは、事実〈p〉なのである。ここで先のテレビの例を思い出そう。その場合には、私からテレビの撮像管まで、そしてマイクロフォンまでが、途中の空間も含めて、私の眼と耳の延長であるとされた。即ち、私の身体の延長なのである。そこで私は言いたい。同様にして、私から命題「p」までが私の身体の延長なのではないか。私は、テレビの画面の上の像を見るのではなく、時空的に離れた演奏を直接見るのである。同様に私は、物的対象である命題記号（p）を見るのではなく、命題「p」を読むのであり、それによって、事実〈p〉を知るのである。私の意識には、事実〈p〉が直接立ち現われるのである。命題「p」は、事実〈p〉を知るための、言わば時空をも超えることが出来る望遠鏡なのである。望遠鏡は、それを覗いている人には見えない。同様に命題「p」は、それを読む人には見えない。それを読む人には、事実〈p〉が直接立ち現われるのである。それは丁度、望遠鏡を覗いている人には、拡大された像が直接立ち現われるのと同じである。そして勿論、望遠鏡は私の身体の延長である。

さて、命題「p」を読むと立ち現われる事実〈p〉は、それ自体が既に命題の形をしており、命題「p」と事実〈p〉は同じ論理構造を有していることになる。そして「読む人」は、命題「p」を読むことによって、命題「p」と一体になり、かくして彼には事実〈p〉が立ち現われるのである。命題とは、実は既にそれ自体が、読む人に「読まれている」という在り方をした存在なのである。私は、私の外なる命題を読むのではなく、「私は命題を読む」という一個の、それ以上はもはや分割不可能な、原子的事実があるのみなのである。その意味で、「読む主体」たる私は、既に命題に内在している。したがって、私を内在的に含んでいる命題「p」自体が、事実〈p〉を語っているのである。

　ウィトゲンシュタインは、その前期の著作『論理哲学論考』の5・542において、「『Aはpを語る』は『「p」はpを語る』の形をしている。」と言っている。ここにAは、「語る主体」のことである。ここには、「語る主体」と「読む主体」という違いはあるものの、上記の私の考察と同じ考察が示されている。「語る主体」Aが事実〈p〉を語る、という事は、「語る主体」Aが自己の外なる命題「p」でもって事実〈p〉を語るのではなく、言わば命題「p」と一体になり、命題「p」自体になって、事実〈p〉を語るのである。「語る主体」は透明になり、命題「p」が事実〈p〉を語る、というわけである。

　したがって事実とは、実は、命題によって語られる事実であり、その意味でそれは命題的事実――一般的に言えば「言語的事実」――なのである。先ず言語とは関係のない客観的な事実があり、それを外から命題が語るのではなく、事実とは、初めから本質的に命題的なのである。だからこそ私は事実を命題で語り、また、命題を読んで事実を知る事ができるのである。〈事実 即 命題〉なのである。

9　言葉について

言葉はコミュニケーションの道具である、と言われることが多い。勿論、そうであるに違いない。しかし言葉の働きは、それに尽きはしない。先ず第一に言葉は、相手に伝えようとする内容そのものの形成にとっても、不可欠なのである。言葉なくしては、コミュニケーションの内容そのものが成り立たないのである。

例えば思想――思っている事とかアイディアといった軽い意味も含めて――について、考えてみよう。もちろん思想は、それを表現する命題の出現以前に、既に出来上がっている、と言えない事はない。人は思想を、それを表現する命題の出現以前に、そして、それを言おうとする意図をもつ以前に、既にもっている、と言えない事はない。だからこそ人は、自分の思想を言葉で表現しようともするのである。しかし、その時点において人が自分の心の中を探しても、これから表現しよう——これから言おう——とする当の思想が見つかるわけではない。何故ならば、もしも見つかるとすれば、その思想は既に言語的に表現されて、そこに在るであろうから。思想を表現するという事は、既に心の中でその表現が出来上がっている思想を「表に現わす（エクス・プレス）」事——或いは「再現する（リ・プレゼント）」事——ではないのだ。既にもっているとはいえ、表現される以前の思想は無形なのである。思想を表現するという事は、無形の思想に初めて言語的に形を与える事なのである。

それにもかかわらず、人は或る人に「君は、君がこれから何を言おうとするのかを、知っているか」と問えば、彼は、しばしばその無形の思想について「知っている」と答え、そしてそれを、惑う事なく語り出すであろう。そしてこの意味でならば思想は、表現される以前に、既に出来上がっている、と言えないことはない。

しかしコミュニケーションは、言語的に表現された内容をやりとりするのである。したがって言葉なくしては、コミュニケーションそのものが成り立たないのである。

そのうえ実は、言葉なくしては、我々の認識も行為も、更には記憶も予期も、成り立たない。要するに、言葉なくしては、我々の生活そのものが成り立たないのである。

言葉なくしては、我々の認識は成り立たないという事、言い換えれば、認識は我々が有する言語体系に依存しているという事、一言で言えば「認識の言語依存性」という事、この事は、「サピア・ウォーフの仮説」や「ソシュールの言語学」を知っている人にとっては、周知の事である。例えば「見る」という事は、決して、ただ単に感覚的な事ではないのだ。我々における「見る」という事は、「眼が見る」あるいは「脳（視覚の中枢）が見る」のではなく、「言語を習得した人間が——言語を通して——見る」という事なのである。この意味で「言語」は、言わば、一種の「感覚器官」なのである。

言葉なくしては我々の行為も成り立たないという事、この事を最も詳細に分析したのは、イギリスの哲学者J・L・オースティン（一九一一—一九六〇）である。彼によれば、例えば契約という行為は、その内容を記した文書にサインをして、初めて成り立つのである。契約は、当事者双方が心の中で思っているだけではだめなので、その内容を紙の上で言語的に表現し、その上、双方が紙面にサインという社会的行為をして、初めて成立するのである。この場合、「サイン」という言語的行為以前には、「契約」という社会的行為は存在しない。その意味で「サイン」という言語的行為が、「契約」という社会的行為を、言わば「生み出す」のである。オースティンは、このような言語的行為を「パフォーマティブ(行為遂行的)」と言った。我々は、言語の働きを考えるとき、えてして記述的な働きのみを考えがちであるが、このような行為遂行的な働きを忘れるべきではない。

言語的行為には、もう一つ極めて重要な働きがある。それは、言語的行為によって人を動かす、という働きである。勿論、「サイン」という言語的行為は、「契約」という社会的行為を成り立たせる事によって、その当事者達をコントロールする。そしてその意味で「サイン」という言語的行為は、人を動かすのである。しかし、いまここで言いたいのは、それとは違ったタイプの動きである。例えば、私が或る人に忠告をする。私は、その人の生活習慣を変えてやりたいと思うのである。この場合、その人は、私の忠告を受け入れて生活習慣を変えるかもしれないが、私の忠告など無視して、生活習慣を全く変えないかもしれない。しかし、何れにせよ「忠告」という言語行為には、人を動かすという働きがあるのである。それでは、「サイン」という言語行為と「忠告」という言語行為は、どこが違うのか。前者の場合には、その結果として成立した「契約」を無視することは許されないのに対し、後者の場合には、「忠告」を無視するという事は、許されないわけではない。「契約」を無視すれば罰せられるが、「忠告」を無視しても、だからといって罰せられるわけではない。「しょうがない奴だ」として、以後見放されるかも知れないが。この違いは重要である。そしてそれは、契約に従うという事は、契約という事の意味の中に含まれているが、忠告に従うという事は、忠告という事の外にあるから、である。オースティンは、働きがその意味の中にある言語行為を「イロキューション（発語内行為）」と言い、働きがその意味の外にある言語行為を「パロキューション（発語媒介行為）」と言った。

言葉なくしては記憶も予期も成り立たないという事、したがって、言葉なくしては、過去も未来も存在しないという事、この事は、少し考えれば理解して頂けると思う。例えば、言葉に過去形がなくて、過去は考えられるであろうか。

自己の内面の表現も、外界の認識も、そして、発語媒介行為をも含めた意味での行為も、更には過去も未来も、言葉なくしてはあり得ないのである。要するに我々の生活そのものが、言葉なくしては成り立たないのである。このことを一括して「言語ゲーム」という概念で捉えたのが、オーストリアの哲学者L・ウィトゲンシュタイン（一八八九―一九五一）である。彼は、我々の日常生活を「言語」という公的な媒体を通じての「ゲーム」として捉え、それを「言語ゲーム」と呼んだのである。

以上のようであるから、「言葉」とは、「事の端」といった軽いものでは全くなく、まさに「事のど真ん中」にあるものなのである。「ヨハネによる福音書」（新共同訳）は「初めに言《ことば》があった」という文章で始まるが、ウィトゲンシュタイン的に言えば、「初めに言語ゲームがあった」のである。我々は言語ゲームの海の中にいるのである。魚が水の中にいるように。

要は、水は魚の命であるように、言葉は人間の命なのである。言葉を失うことは、人間としての存在を失うことなのである。人間でなくなる事なのである。肉体は生きていても、死んだも同然なのである。否、死んでいるのである。脳死がこれである。

10　龍樹『中論』私抄――「内在」(4)

『中論』は深い。限りなく深い。しかしそれは、決して理性の限界内で理解することが不可能ではない。『中論』を理解する鍵は、「縁起の原理」と「一重の原理」である、と思う。以下は、『中論』の中でも特に私の心を打つ部分を抜き書きしたものである。各自、その二つの原理を念頭に、理解することに努めて頂きたい。しかしそうは言っても、それは決して一筋縄ではゆかない。そこで、†を付して、私なりのコメントを少し付けることにする。参考にして頂ければ幸いである。訳文は、下記にある中村元の訳文をもとにして、三枝充悳、本多恵の訳文を参照したものである。

中村元『龍樹』（講談社学術文庫、二〇〇二年）
三枝充悳訳注『中論――縁起・空・中の思想』上・中・下（第三文明社レグルス文庫、一九八四年）
本多恵訳『チャンドラキールティ中論註和訳』（国書刊行会、一九八八年）

なお、「縁起の原理」とは、「一切は意味的に含みあっている」という原理である。AとBがある。Aを説明するのにBに言及せざるを得ず、Bを説明するのにAに言及せざるを得ない。この場合、Aの記述にはBが入り込み、Bの記述にはAが入り込んでくる。

意味上、入り込んでくるのである。AとBは意味的に含みあっているのである。そして、この関係が一切の間で成り立っている。この思想が「縁起の原理」である。AはBに縁って A であり、BはAに縁ってAである、と考えるからである。

そして、「二重《ひとえ》の原理」とは、「事柄は二重に起きることはない」という原理である。これは丁度、「倒れている人は、その上更に倒れることはない」ように、である。「倒れている人は倒れない」のである。

＊　＊　＊

帰敬序《ききょうじょ》

この世においては、何ものも生ずることなく（不生）、何ものも滅することなく（不滅）、何ものも常住することなく（不常）、何ものも断滅することなく（不断）、何ものも同一であることなく（不一）、何ものも別異であることなく（不異）、何ものも去ることなく（不去）、何ものも来ることがない（不来）という、めでたい縁起のことわり（道理）を説きたもうた覚者（仏）を、もろもろの説法者のうちで最も勝れた人として、私は敬礼《きょうらい》する。

†上記の八つの「不〜」を「八不」と言う。

本文私抄

もろもろの事物は、どこにおいても、いかなるものでも、それ自体（自身）から、また他のもの（他者）から、また自他の両者（が合したもの）から、また無因から、生じたものとして存在することは、決してない。（1-1）

†もろもろの事物は、すでに存在しているのであるから、それを存在せしめる縁はすでにそこに「内在」している。したがって、その上更にそれを存在せしめる（生じせしめる）外的な縁は必要ない。したがって、いかなるものも、外的な何ものかから生じたものとして存在することは、決してない。（「一重の原理」）

事物が有るときにも、無いときにも、その事物にとっての縁は成立しえない。何となれば、事物が無いときには、縁は何ものの縁なのであろうか。また事物がすでに有るときには、どうしてその上更に縁が必要であろうか。（1―6）

†事物がすでに有るときには、縁はその事物に「内在」しているのであるから、どうしてその上更に外的な縁が必要であろうか。（「一重の原理」）

まず〈すでに去ったもの〉（已去《いこ》）は去らないし、また〈未だ去らないもの〉（未去）も去らない。さらに〈すでに去ったもの〉と〈未だ去らないもの〉を離れた〈いま現に去りつつあるもの〉（去時）も、去らない。（2―1）

†〈すでに去ったもの〉は、すでに去ったのであるから、過去にさかのぼって、今さら去ることは出来ない。また、〈未だ去らないもの〉がもしも去るならば、〈未だ去らないもの〉は〈未だ去らないもの〉ではなく、〈去るもの〉になる。したがって、〈未だ去らないもの〉は去らない。また、〈いま現に去りつつあるもの〉（去時）は、その上更に去ることは不可能である（「一重の原理」）から、去らない。

〈いま現に去りつつあるもの〉に、どうして〈去ること〉が有りえようか。〈いま現に去りつつあるもの〉に二つの〈去ること〉は有りえないのに。(2―3)

†〈いま現に去りつつあるもの〉に「内在」する〈去る〉と、〈いま現に去りつつあるもの〉が去ると言うときの外在する〈去る〉という、二つの〈去ること〉は有りえないではないか(「二重の原理」)。

〈いま現に去りつつあるもの〉は〈去る〉と考える人には、〈いま現に去りつつあるもの〉は〈去る〉がゆえに、〈去る〉ことなくして、しかも〈いま現に去りつつあるもの〉が有る、という誤謬が付随してくる。(2―4)

†〈いま現に去りつつあるもの〉は〈去る〉、と考える人には、主語〈いま現に去りつつあるもの〉には未だ〈去る〉という規定は含まれていない。したがって、〈いま現に去りつつあるもの〉は、〈去る〉ことなくして、しかも、〈いま現に去りつつある〉ことになる。これは矛盾である。

〈いま現に去りつつあるもの〉は去る、と主張するならば、二種の〈去ること〉が有る、という誤謬が付随してくる。すなわち、〈いま現に去りつつあるもの〉を成り立たせる（内なる）〈去ること〉と、〈いま現に去りつつあるもの〉は去る、と言うときの（外なる）〈去ること〉とである。（2―5）

†二種の〈去ること〉は、「一重の原理」によって、認められない。

〈去る主体〉を欠いたならば、〈去ること〉は成立しえない。また、〈去ること〉が存在しないならば、どうして〈去る主体〉が存在しうるであろうか。（2―7）

†〈去ること〉が存在しない〈去る主体〉は考えられない。

〈去る主体〉は去らない。〈去らない主体〉も去らない。それでは、〈去る主体〉でもなく〈去らない主体〉でもない、両者とは異なったいかなる第三者が、実に去るのであろうか。

（2－8）

†そのような白紙の第三者は、存在しない。それは例えば、立ってもいず、寝てもいず、腰かけてもいず、歩くでもなく、走るでもなく、飛ぶでもなく、……、というないないない尽くしの私——白紙の私——など存在しないのと同じである。

「〈去る主体〉は去る」ということが、どうして成立しうるであろうか。〈去ること〉なしには、〈去る主体〉は成立しないのに。（2－9）

†〈去ること〉なしには〈去る主体〉は成立しないのであるから、その上更に「去る」ことは不可能である。これは「一重の原理」の別表現である。

「〈去る主体〉は去る」と主張する人には、〈去ること〉がなくても〈去る主体〉はある、という誤った結論が付随して起きることになる。何となれば、〈去る主体〉に〈去ること〉を認めているからである。（2－10）

†「何々は去る」と言う場合、その主語何々には、未だ「去る」という規定が含まれていないはずである。それなのに、その主語何々に〈去る主体〉を充てるのはおかしい、というのである。

もしも、〈去る主体〉は去る、というならば、二つの〈去ること〉があることになる。すなわち、その〈去ること〉にもとづいて〈去る主体〉と呼ばれるところの、（内なる）〈去ること〉と、その〈去ること〉にもとづいて〈去る主体〉である人が去るところの、（外なる）〈去ること〉である。（2－11）

†これも「二重の原理」の別表現である。

もしも、生《しょう》（人生）が〈作られたもの〉（有為）であるならば、そこ（人生）には、三つの特質——生起〈生まれ〉・持続〈住し〉・消滅〈滅す〉の三相（有為相）——が存在するであろう。またもし、生（人生）が〈作られたものでないもの〉（無為）であるならば、どうしてそこ（人生）に、〈作られたもの〉を〈作られたもの〉とする特質——〈生まれ〉・

〈住し〉・〈滅す〉の有為相――が存在するであろうか。（7―1）

†有為とは、執着のある世人によって作られたもの、ということであろう。そこには、生住滅の三相（有為相）――浮世の相――があることになる。これに対し、執着のない人――悟った人――によって作られた人生には、生住滅の三相（有為相）は存在しない。なお、生《しょう》を「人生」としたのは、私の解釈である。

〈いま現に生じつつあるもの〉も、〈すでに生じたもの〉も、〈未だ生じていないもの〉も、決して生じない。このことは、〈いま現に去りつつあるもの〉、〈すでに去ったもの〉、〈未だ去らないもの〉によって、すでに説明されている。（7―14）

†（2―1）を参照。

（ブッダによって）あたかも幻のようである、あたかも夢のようである、あたかも蜃気楼のようである、として、生起（生）が説かれ、持続（住）が説かれ、消滅（滅）が説かれて

いるのである。（7―34）

†有為相（生・住・滅）は、執着に伴った幻想なのである。

行為に縁って、行為主体がある。またその行為主体に縁って、行為がはたらく。（行為と行為主体についての）その他の成立の原因（理由、縁）を、われわれは見ない。（8―12）

†行為と行為主体は、互いに縁起の関係にあるのである。

このように、行為と行為主体を（実体として見ることを）排斥することによって、同様に、執着（取）（と執着する人）をも（実体として見ることを）排斥することを、知るべきである。行為と行為主体についての以上の考察にもとづいて、そのほかのもろもろの事柄をも、考えるべきである。（8―13）

†何にもまして、執着を排斥すべきなのである。執着こそが、諸悪の根源なのである。

「およそ〈執着されたもの〉は虚妄《こもう》である」と、世尊は説き給うた。そして、すべての〈形成されたもの〉（一切諸行）は、〈執着されたもの〉である。それゆえに、それら（一切諸行）は虚妄なのである。（13－1）

†世人にとっての万物は虚妄——幻想——なのである。

一切の執着を脱せんがために、勝者（仏）によって空が説かれた。しかるに人がもしも空見を抱くならば、勝者（仏）はその人を「癒されない人」と呼んだのである。（13－8）

†空は、生きるべきものであって、その見を抱くべきものではない。空見を抱いて、それに捉われるようでは、真に空を生きる事は出来ない。

互いに異なったものである甲と乙において、甲は、乙に縁って乙とは異なった別異のものとなっているのであって、乙がないならば、乙とは異なった別異のものではありえない。

したがって、乙に縁って（それとは異なった）甲があるのであるから、甲は、乙とは異なった別異のものではありえない。（14－5）

†甲と乙は不一不異なのである。

〈有る〉というのは常住に執着する偏見であり、〈無い〉というのは断滅に執着する偏見である。ゆえに賢い者は、〈有るということ〉（常住）と〈無いということ〉（断滅）に執着してはならない。（15－10）

†〈有る〉を〈いつまでも有る〉と思ってはならない。〈無い〉を〈いつまでも無い〉と思ってはならない。そう思う事は執着である。

「わたしは執着（取）の無い者となって、ニルヴァーナ（涅槃）に入るであろう。わたしにはニルヴァーナが有るであろう」という囚われを有するひとには、執着という大きな囚われがあるのである。（16－9）

†「わたしは執着（取）の無い者となって、ニルヴァーナ（涅槃）に入るであろう。私にはニルヴァーナが有るであろう」と思うこと自体が、直ちに、大きな執着なのである。

「ニルヴァーナは有る」と想定することもなく、「輪廻は無い」と（輪廻を）否認することもない、そのようなところでは、いかなる輪廻、いかなるニルヴァーナが考えられるであろうか。（16－19）

†いかなる輪廻、いかなるニルヴァーナも考えられない。それらは、思考の対象ではない。

我《が》（アートマン）が存在しないときに、どうして、〈我がもの〉（アートマンに属するもの）が存在するだろうか。我《が》（アートマン）と〈我がもの〉（アートマンに属するもの）とが消滅することによって、人は〈我がもの〉という観念を離れ、自我意識を離れることになる。（18－2）

†コメントするまでもない。

〈我がもの〉という観念を離れ、自我意識を離れた者は、真実を見る。〈我がもの〉という観念を離れ、自我意識を離れた者は、稀有である。(18－3)

†われわれは、〈我がもの〉という観念を離れ、自我意識を離れなければならない。それは、学問によってではなく、修行によってである。

外に対しても内に対しても、(外に対しては)〈これは我がものである〉とか(内に対しては)〈これが我である〉とかいう観念が滅したときに、執着は滅せられる。それ(執着)が滅することによって、(煩悩にみちたこの)身が滅することになる。(18－4)

†執着がすべての煩悩の根源である。

ブッダ(仏)は、「我(アートマン)は有る」と仮説し、「無我(アナートマン)である」

（我は無い）とも説き、また「我なるものは無く、無我なるものも無い」とも説いた。（18―6）

†ブッダの説法は、相手に合わせて説く対機説法であった。ブッダの心の中には、「本当は言葉にならないのだが」という思いがあったであろう。

Aに縁ってBが有るのであるならば、BはAではない（AとBは同一ではない）。また、BはAと別異のものでもない（AとBは無関係でもない）。それゆえ、（Bに対して縁であるAは）常住するのでもなく、また断滅するのでもない。（18―10）

†AとBは不一不異なのである。また、AとBはお互いに縁って存在しているのであるから、AもBも不常不断なのである。

もろもろの事物は、同一でもなく、別異でもなく、断滅するでもなく、常住するでもない。これが、ブッダ（仏）の甘露の教えである。（18―11）

†万物は、不一不異、不常不断、なのである。

もしも現在と未来が過去に依存しているのであれば、現在と未来は過去の時のうちに存在するであろう。（19―1）

†そのとおり。

もしもまた、現在と未来がそこ（過去）のうちに存しないならば、現在と未来はどうしてそれ（過去）に依存して存するであろうか。（19―2）

†現在と未来が過去に依存している、ということは、現実の事実である。

さらに、過去に依存しなければ、両者（現在と未来）の成立することはありえない。それゆえに、（過去に依存しなければ）現在の時と未来の時は存在しない。（19―3）

†言うまでもない。

いま述べられたことに基づいて、順次、「現在に依存しなければ、」「未来に依存しなければ、」という観察がなされるべきである。そしてまた、上と下と中、一つ（二つ三つ）であること（数）などについても、同様である。（19–4）

†特に数についての考察が重要である。例えば、1に依存しなければ、2も3も4も、要するに自然数全体が存在しないのである。かくして、1に関係する数の範囲は自然数全体に及ぶ。それゆえ、1を理解している、ということは、自然数全体を理解している、ということなのである。そして、逆も真である。

二つの真理（二諦《にたい》）にもとづいて、もろもろのブッダの法（教え）は説示された。（その二つの真理とは）世俗の（煩悩に）覆われた立場での、世間での理解としての真理（世俗諦）と、究極の立場から見られた、最高に意義あるものとしての真理（勝義諦）である。（24–

8)

†この区別は重要である。

二つの真理（二諦）の区別を知らない人々は、ブッダの教えにおける深遠な真理を知ることがない。（24－9）

†勝義諦――「八不」だけではない――を知らなくては、ブッダの教え――仏教――を知ったことにならない。

世俗の表現に依存しなければ、究極の真理（勝義諦）を説くことはできない。究極の真理（勝義諦）に到達しなければ、ニルヴァーナ（涅槃）を体得（証得）することはできない。（24－10）

†世俗の表現は、究極の真理に達するための、言わば、登った後には捨てられるべき梯子なのである。

〈縁起しているもの〉、それをわれわれは「空」と説く。（しかし）それは、更に相待《そうだい》の仮《け》説《せつ》（縁って想定されたもの）でもある。それは、（実は）すなわち「中道」にあるのである。（24－18）

†これが「空」の定義である。では、〈縁起しているもの〉は「中道にある」、とは如何なることか。これには種々の解釈があるが、青目《ピンガラ》は、「有と無との二辺を離るるが故に、名づけて中道と為す」と言っている（三枝訳注『中論』下、六五〇頁）。

どのような〈もの〉（法）であろうと、縁起なしでは存在しない。それゆえ、どのような〈もの〉（法）であろうと、空でないものは、存在しない。（24－19）

†「一切皆空」なのである。般若心経の冒頭に、「照見五蘊皆空度一切苦厄」という言葉がある、という事が思い出される。これは、観自在菩薩（観世音菩薩）の体験として、「一切は皆空なりと洞察して、すべての苦厄を解消した」ということが言われているのである。

世間（生死の世界）には、ニルヴァーナといかなる区別も存在しない。ニルヴァーナには、世間（生死の世界）といかなる区別も存在しない。（25―19）

†世間（生死の世界）から一切の執着を消し去ったものが、ニルヴァーナである。したがって、究極においては、両者の間には最も微細ないかなる区別（間隙）も存在しない。それゆえ、次のようにも言われる。

ニルヴァーナの究極なるものは、すなわち世間（生死の世界）の究極でもある。両者には、最も微細なるいかなる区別（間隙）も存在しない。（25―20）

†前段で言われたとおりである。両者は接続しているのである。西方浄土は今ここなのであって、遠くにあるわけではない。

＊　＊　＊

最後に、私の総括的コメントを付しておく。
以上において私は、『中論』私抄を非常に不十分なコメントを付しながら書いてきて、自然に、こう言いたくなった。

有るものは、（その上更に）有るとは言えず（一重の原理）、さりとて、無いとも言えず（矛盾律）、われ黙然として沈黙す。

あるいは、

万物は、有ると無いの中間にある。

とでも言うべきか。

11　南泉斬猫

『碧巌録』の第六十三、六十四則に、こうある。非常に有名な話である。

南泉、一日《あるひ》、東西の両堂、猫児《ねこ》を争う。南泉見て遂《つい》に提起して云く、「道《い》い得ば即ち斬らず」。

衆対《こたえ》なし。

泉、猫児を斬って両段《ふたつ》と為《な》す。

南泉復《ま》た前話を挙《こ》して趙州に問う。

州便《すなわ》ち草鞋《わらじ》を脱ぎ、頭上に載《の》せて出づ。

南泉云く、「子若《そなた》し在らば、恰《まさ》に猫児《ねこ》を救い得てんに」。

これは、こういう事である。

南泉山である日、東西両堂の僧たちが、一匹の猫の事で争っていた。それを見て南泉は、その猫を持ち上げて言った。「(悟りの境地を)言う事が出来れば斬らぬ」。

僧たちは、答えられなかった。

それで南泉は、猫を真っ二つに斬ってしまった。

(その後、外出していた趙州が帰ってきたので、)南泉は件の事件を話し、(そなたならどうする、と)また趙州に問うた。

(そうしたら)趙州は、すぐさま草履を脱いで、頭に載せて出て行った。

(そこで)南泉は、「そなたがもし居たならば、あの猫を救う事が出来たのに」と言った。

南泉は、趙州のこの行為を「悟りの境地を示したもの」と認めたのである。

そこで問題は、趙州のこの奇妙な行為は一体何を意味しているのか、ということである。

それについては、昔から諸説ある。しかし私は、こう考えたい。

マグリットに、「ヘーゲルの休日」という作品がある。これは、雨傘の上に水の入ったコップが刺さっている絵である。この絵がおかしい――奇妙だ――と思われるのは、「雨傘」という概念と「コップ」という概念が衝突するからである、そして、衝突しながら、相互に否定しあっている――消しあっている――からである。その結果、もはや雨傘は「雨傘」ではあり得ず、コップは「コップ」であり得ないのである。そこには、日常的な意味を剥奪された裸の物自体が、露わになっている。趙州の場合も同じではないのか。趙州が草鞋を頭に載せたとたんに、草鞋は「草鞋」でなくなり、趙州は「趙州」でなくなっている。そこに立ち現われているのは、趙州の場合、いわば、「趙州」という名前すら失った無相の自己であるわけである。趙州は、草鞋を頭に載せる事によって、真実の自己を露わにしたのである。そして南泉は、そこに趙州の悟りの境地を見たのであった。

12　隻手の音声

白隠慧鶴に「隻手の音声」という有名な公案がある。両手を打てば音がする。隻手すなわち片手にどんな音がするのか、というのである。これに対し、私はこう答えたい。もちろんこれは、白隠がねらっていた答では全くないであろうが。

教室で子供が片手を挙げる。これで子供は、「ハイ先生、僕答えられます」という無音の音声を、発しているのである。そして先生は、この音声を眼で聞くのである。私はこの公案を、音声は耳で聞くものだ、という固定観念を打破するものとして、使いたい。

ついでに、一言。我々は、本を読む。これは、勿論、本を見るのではない。本を読む、とは、著者の声を聴くことである。これも、眼で聞くの類である。そして勿論、手話もそうである。

13 死んで生きた

悪名高き強制収容所アウシュビッツで、一つの出来事があった。コルベというポーランドのカトリック神父が、一緒に収容されていた特に親しくもないポーランドの一軍曹の身代わりになって、餓死刑を受けた、というのである。

収容所には、ある決まりがあった。それは、一人逃亡者が出れば、十人が餓死刑に処せられる、というものである。あるとき、コルベが収容されていた第十四号舎から逃亡者が出て、ついに発見されなかった。そこで、第十四号舎の全員が集められた。そして司令官が、大した基準もなしに、餓死刑に処せられる十人を選び出した。

曽野綾子は『奇跡』（文春文庫、一九七七年）において、こう書いている。

一つのか弱いすすり泣きの声が洩れた。

「可哀そうに。女房も子供も、さようなら」

それはフランチーシェック・ガイオニチェック軍曹の声であった。彼は両手で頭をかかえて泣いていた。

突然、一人の男がしっかりした足取りで、司令官の前に歩み出た。私語の声がそよ風のようにあたりに流れた。

「あれは誰だ……、何をする気だ……、気が狂ったのか」

誰かがあれはコルベ神父だと言った。

「ポーランドの豚めが。何の用だ」

フリッツ（司令官）は尋ねた。

「私はこの中の一人と代わりたいと思います」

そこにいた人々は驚きで魔法にかけられたように動けなくなった。

「誰のために死ぬつもりだ」

「彼のためです。妻子があると言った人の」

それは生涯、結婚することを自ら放棄した司祭でなければ言えない独特の表現であった。

「一体お前は誰だ」
「カトリックの司祭です」
「よろしい」

コルベは、ガイオニチェックをよく知らなかった。しかし、見たこともないその妻子のために、自分の命を投げ出したのであった。

この出来事について、曽野綾子はこう考えた。

コルベ神父が、もしガイオニチェック氏に身代わりを申し出ないでいたらどうなるか、……答えは明瞭であった。神父は誰がそう思わなくとも、その時に自分がその男(ガイオニチェック氏)を見捨てたことを自覚し、生きている限り、その死は自分のせいだったと思うに違いない。神父はそこで、肉体的には生きのびても、精神の死を自覚するのである。(一一八頁)……神父はつまりガイオニチェック一家のために死んだのではなかった。神父は存在するために、自らの生を投げ出したのである。(一二二頁)

もちろん神父は、自らの存在のためを思って、自らの生を投げ出したのではない。しかし神父は、それによって自らの存在を確保したのである。死んで生きた、というわけである。

注 コルベ神父は、その後、ヨハネ・パウロ二世によって聖人に列せられた。一時、長崎で布教活動をしていたこともあって、現在、長崎市本河内に「聖コルベ記念館」が建てられている。

14 ゼノンのパラドックス

「ゼノンのパラドックス」と言われるものに、二つある。(1)飛ぶ矢は飛ばない、と言われる「飛ぶ矢のパラドックス」と、(2)アキレスは亀を追い越せない、という「アキレスと亀のパラドックス」である。

前者は、こうである。飛んでいる矢は、それぞれの時刻には、それぞれ或る一定の場所にあるわけであるから、それぞれ或る一定の場所に止まっている事になる。それゆえ、飛んでいる矢は、一見飛んでいるように見えるが、実は、止まっているのである。

後者は、こうである。韋駄天のアキレスとのろまの亀が競争する。例えば、亀はアキレスの十メートル先にいて、一緒にスタートする。そのとき、アキレスが亀のいた場所に達したとき、亀はいくらか前に進んでいる。更に、アキレスがその亀が進んでいた場所に達したとき、亀は更にいくらか前に進んでいる。この過程はいつまでも続くから、アキレスはいつまでたっても亀に追いつけない。したがって、勿論、亀を追い越せない。

しかし、「飛ぶ矢のパラドックス」は、こう考えれば解決する。そもそも物というものは、時間–空間の中に存在する。そしてその状態は、ただ単に位置によってのみではなく、(古典力学的には)その上更に、速度と加速度によって記述される。そして速度も加速度も、無限小とはいえ、或る時間の幅の中で成立するのである。ということは、時間の幅ゼロの中には、運動物体は存在しないのである。即ち、時間幅ゼロの一瞬の中には、飛ぶ矢は存在しないのである。大森荘蔵は、こう言っている。

持続的に飛んでいる矢を点時間で切れば、動くも動かぬもない、その当の矢が存在しないのだから。だから、矢のパラドックスも空無と化する。（『流れとよどみ――哲学断章』（産業図書、一九八一年）、一〇八頁）

もはや私は、これに付け加えるべき言葉を知らない。

では、「アキレスと亀のパラドックス」の方はどうか。「アキレスが亀のいた場所に達したとき」と言うが、これは、アキレスが亀のいた場所に達して一旦止まったとき、という事を意味する。しかし、これは事実に反する。事実は、アキレスは亀のいた場所を全力で駆け抜けたのである。ある速度をもって通過したのである。したがってアキレスは、無限小とはいえ、ある時間幅を持って、亀のいた場所を通過したのである。そして同じ事が、第二段階の、「アキレスがその亀の進んでいた場所に達したとき」についても言える。しかもこの場合には、「その亀が進んでいた場所」というものも、点的な場所ではあり得ない。亀は、のろのろとはいえ、前に進んでいるのであり、速度を持っているのであるから。点的な場所ではなく、無限小とはいえ、ある幅を持った場所なのである。したがって、さきの「アキレスと亀のパラドックス」の表現は、表現として正しくなかったのだ。それゆえわれわれとしては、「アキレスと亀のパラドックス」と言われるものを、運動物体は、無限小とはいえ、或る時間幅を、したがってまた、或る空間幅を持っているという事を含んだ上で、表現し直さなくてはならない。そのような表現が出来ない以上、「アキレスと亀のパラドックス」は、無意味なのである。

ところで、「飛ぶ矢は飛ばない」というゼノンのパラドックスを考えるとき、思い出されるのが、「不去不来」という、龍樹の『中論』にある「八不」の中の句である。例えば「不去」であるが、これは、「去るものは去らず」という事である。何故ならば、去るものは、その上更に去ることは不可能であるから。（この議論については、本章の10『中論』私抄」を参照して頂きたい。）そうすると、やはり「飛ぶ矢は飛ばない」のである。現に飛んでいる以上、その上更に飛ぶことは論理的に不可能であるからである。したがって、「ゼノンのパラドックス」は、実は、パラドックスではなく、論理的事実を述べているのだ、ということになる。

15　西田幾多郎の『蜘蛛の糸』

芥川竜之介に『蜘蛛の糸』という小品がある。有名な作品なので、その粗筋はご存知の方も多いであろう。

或る日、お釈迦さまは極楽の蓮池のふちを、独りでぶらぶらお歩きになっていた。蓮の葉の間から、ふと下の様子をご覧になった。極楽の蓮池の下は血の池の地獄になっていて、カンダタという男が一人、ほかの罪人と一緒にうごめいている姿が、お目に止まった。このカンダタという男は、いろいろ悪事を働いた大泥棒だったが、たった一つ、善い事をした。或る時、一匹の蜘蛛を助けてやったのだ。それでお釈迦さまは、出来るなら、この男を救い出してやろうとお考えになり、極楽の蜘蛛の糸をおとりになって、遥か下の血の池地獄へ御下しになった。

一方カンダタは、ふと血の池で空を眺めると、銀色の蜘蛛の糸がするすると自分の上に垂れてきた。シメタ、これにすがってどこまでも登ってゆけば、地獄から抜け出せるに違いない。こう考えたカンダタは、その蜘蛛の糸を懸命に登りはじめた。くたびれて一休みし、ふと下を見ると、蜘蛛の糸の下の方に数限りない罪人たちが、まるで蟻の行列のように昇ってくるのが見えた。そこでカンダタは、大きな声を出して、「こら、罪人ども。この蜘蛛の糸は己のものだぞ。お前たちは一体誰にきいて、昇って来た。下りろ下りろ」と喚いた。その途端、今まで何ともなかった蜘蛛の糸が急にカンダタの所からぷつりと切れ、カンダタは真っ逆さまに落ちてしまった。

この一部始終を見ていらしたお釈迦さまは、悲しそうなお顔をなさりながら、またぶらぶらお歩きになり始めました。

これが粗筋である。では、なぜ蜘蛛の糸は切れたのか。それは、カンダタが、己の欲にかられて他人を蹴《け》落そうとしたから、である。これは仏法に反している。だから、仏法によって、蜘蛛の糸は切れたのである。蜘蛛の糸は、罪人たちの重さに耐えかねて切れたのでも、お釈迦さまが切ったのでもなく、カンダタが仏法に反したから切れたのである。これがおそらく、自然な解釈であろう。

しかし西田幾多郎ならば、こう言うかもしれない。カンダタが一心不乱に登って来ているときは、生きたいという欲でいっぱいであっても、無心であり、その意味では無我であった、と言える。したがって、絶対者が対し得た。しかし、足もとをみて、多くの罪人たちが列をなして登って来るのに気付いたとたん、不安になり、彼らをけ落そうとして、有心になった。そして、そのとたんに絶対者との通路が消えた。そして同時に、蜘蛛の糸も消えたのである。蜘蛛の糸は、切れたのではなく、消えたのである。何故なら、有心の者には、絶対者からの通路が無いから。有心の者は、無心になって、初めて絶対者に接し得るのである。否、絶対者の方から逆に接してくれるのである。これが、西田幾多郎の言う「逆対応」である、と思う。したがって、無心の者が有心になると、その途端に、絶対者とのつながりが消えるのである。

我々は、1、2、3、……といくら数えて行っても、無限大∞には達しない。有限をいくら拡大していっても、無限大にはならない。相対者の方からは、いくら努力しても、絶対者に接することは出来ない。人間は、人間の努力で神に接することは出来ない。人間が神に接する唯一の道は、人間が自己を否定して無となることである。そのとき、神の方から、逆に接してくれる、というわけである。それは丁度、無限大∞には、有限の方からの拡張ではなく、有限でないもの、という有限の自己否定によってしか接し得ない、というのと同じである。

「逆対応」という言葉は、西田幾多郎によって、彼の最後の長大な論文「場所的論理と宗教的世界観」において用いられ、秋月龍珉によってしばしば援用されたものである。この西田の論文は深淵で、繰り返し読むに値する。『西田幾多郎哲学論集』（岩波文庫）の三二八頁には、こうある。

真の全体的一は真の個物的多において自己自身を有《も》つのである。神は何処までも自己否定的にこの世界に於てあるのである。

西田によれば、絶対者自身が自己否定的なのである。われわれ相対者は、このような絶対者を、自己否定的に受け入れねばならないのである。

16 許しと救い——石牟礼道子『苦海浄土』(全三部)

二〇一六年九月、NHKのEテレの「100分de名著」という番組で、石牟礼道子の『苦海浄土』が取り上げられた。私はこの「苦海浄土」という書名に強く引かれた。浄土は、苦海(苦界)から遠く離れているのではなく、苦海が即ち浄土である、という理念に共感したからである。同じころ私は、池澤夏樹が、「現代世界の十大小説」の一つとして、日本から石牟礼道子のこの『苦海浄土』を選んだことを知った。それで私は、さっそく、時を同じくして藤原書店から新しく出版された『苦海浄土』(全三部)を購入し、ゆっくり読み始めた。人々の言葉を方言のまま書き写している部分が多くて、読みにくく、意味の取りにくい部分もあるが、全三部、千五十四頁の大冊を読み終わったときの印象は、何かドストエフスキーの『カラマーゾフの兄弟』の読後感に似ていた。重い何かが、心の底に沈んでいるのである。池澤夏樹は、こう解説している。

これはまずもって受難・受苦の物語だ。水俣のチッソという私企業の化学プラントからの廃液に含まれた有機水銀による中毒患者たちの苦しみ、そこから必然的に生まれる怒りと悲嘆、これがすべての基点にある。この苦しみと怒りと悲嘆を作者は預かる。あるいは敢えてそれに与る。彼女の中でそれらは書かれることによって深まり、日本の社会と国家制度の欺瞞を鋭く告発する姿勢に転化する。その一方で、作者はこの苦しみを契機として人間とはいかなる存在であるかを静かに考察し、救いとは何かを探る側へも思索を深めてゆく。読む者はまるでたった一人の奏者が管弦楽を演奏するのを聞くような思いにかられる。なんと重層的な文学作品を戦後日本は受け取ったことか。(藤原書店版『苦海浄土』(全三巻)、一〇八八頁)(傍点は引用者による。)

ここで私は、傍点を付した池澤の言葉に注目したい。それでは石牟礼は、「救いとは何か」を探り当てたのであろうか。石牟礼は、「全集版完結に際して」という「あとがき」で、こう書いている。

『本願の会』というのが生き残りの人々との集まりだけれど、そこで幾たびも話されることは、現代を憂うる話題に満ち満ちているけれども、「人を憎めば我が身はさらに地獄ぞ。その地獄の底で何十年、この世を恨んできたが、もう何もかも、チッソも許すという気持ちになった。でもなあ、これは我が心と、病苦との戦いじゃ。それでもまず自分が変わらんことには、人様を変えることはできん。戦いというものはそこの所をいうとぞな」と、涙をふきこぼし、ふるえながら言われるのは、杉本栄子さんご夫妻である。（前掲書、一〇五八頁）

「人を憎めば我が身はさらに地獄ぞ」。さすれば、この我が身を地獄から救い出すには、人を憎むことをやめ、相手（チッソ）を許す他に道はない。これが、自己救済の唯一の道である。敵を許すことによって、敵を敵でなくすのである。そして、これこそが救いにほかならない。

［コラム1］生死一如

これは、本書を書いているときに、自然と私の脳裏に浮かんでいたイメージである。

＊

山奥に老婆が一人住んでいた。ある夜のこと、トントントントン、と戸を叩く音がして、

「お願い申します。」

という女の声が聞こえた。隙間から覗いて見ると、若い女が戸口に一人立っていた。老婆は戸を開けた。

「どうなさった」

「道に迷って難儀しています。一晩泊めて頂けないでしょうか」

「ようございますとも。どうぞどうぞ」

「では。私は生みの女神でございます。どうぞよろしく」

老婆は戸を閉めた。ところが、きちんと閉まらない。よく見ると、女神から紐が一本のび

ていて、戸の隙間から外へつながっている。老婆は戸を開けてその紐の行き先を見た。するとそこに、真っ白い死神が静かに立っていた。視線が合った。

「おお怖い」

老婆はぞっとした。縁起でもないと思い、そばにあった斧で、急いでその紐を断ち切った。すると死神は、何の抵抗をするでもなく、どさっとそこに崩れ、土塊《つちくれ》になってしまった。

「やれやれ」

老婆は急いで戸を閉め、鍵をかけて中に入った。すると、哀れにも、生みの女神も同じように、土塊になっていた、とさ。

老婆は、死神も一緒に招じ入れるべきであったのだ。

II　老子と荘子

以下において、『老子』と『荘子』のテクストとして、下記のものを使う。

『老子――無知無欲のすすめ』金谷治編訳、講談社学術文庫、一九九七年

『荘子（上）全訳注』池田知久訳注、講談社学術文庫、二〇一四年

『荘子』には、内篇と外篇と雑篇がある。このうち、荘子自身が書いたと思われるのは内篇のみであり、それ以外は、荘子の流れをくむ人々によるものと思われる。したがって以下においては、一つを例外として、内篇のみを問題とする。

1　基軸の時代

紀元前五五二年に孔子が生まれ、それから少し遅れて、老子が生まれた。紀元前四七〇年にはソクラテスが生まれ、その十年後の紀元前四六〇年には釈迦が生まれる。つづいて紀元前四二七年にプラトンが生まれ、紀元前三八四年にはアリストテレスが生まれる。それから遅れること十四年、この頃、荘子が生まれている。生年で計算して、この間わずか百八十二年、その間に、孔子、老子、ソクラテス、釈迦、プラトン、アリストテレス、荘子といった、人類を代表する大思想家たちが、この世に生をうけているのである。地域的には、中国、ギリシャ、インドであり、言語も異なっていたのであるから、当時彼らの間に思想的交流があったとは考えられない。そして事実、それらの地域に成立した思想は、それぞれ独特なものであった。孔子は儒教を提唱し、老子は、荘子とともに、後に「老荘の思想」と言われるものの主唱者である。釈迦は、言うまでも無く、仏教の教えを説いたゴータマ・ブッダであり、ソクラテス、プラトン、アリストテレスは、後のヨーロッパ哲学の偉大なる源泉をなしている。

ここで注目すべきは、上記の孔子から荘子までの七名は、よきにつけ悪しきにつけ、後の人類の思想の展開を決定的に方向づける基軸を提供した、という事である。ヤスパースに、「基軸の時代」（Achsenzeit）という言葉があるが、そのひそみに倣って言えば、上記の、キリスト生誕以前の二百年にも満たない古代の時代は、ヤスパースとは少し違うが、まさに世界思想史における「基軸の時代」と呼べるであろう。

2　有無相即

『荘子』の雑篇の外物篇第七章に、次のような文章がある。

大地は広いが、人間が役立てているのは、足でふむその大きさだけだ。しかし、そうだからといって、足の寸法だけを残して周囲を掘り下げてしまったら、その残った土地は有用な役立つ土地になるだろうか。無用にみえるものが実は大きなはたらきをもつことは、これでわかるだろう。

実に面白い洞察である。『老子』の第十一章には、こうある。

家の中心になにも無い空間があってこそ、家としての効用がはたせることになる。

だから、といって老子はこう語る。

有を以て利を為すは、無を以て用を為せばなり。

有あっての無、無あっての有なのである。有無相即なのである。西田幾多郎ならば、

有と無は絶対矛盾的自己同一である。

と言うのではないだろうか。

3　未完の完

『老子』の第三十三章に、こうある。

　足るを知る者は富む。

凡人は、財産をため込むことにあくせくする。そして、いつまでも満足しない。しかし途中で、もうこれでよい、として蓄財を切り上げる者こそ、本当に富んだものである。目標に達していなくとも、途中で切り上げてそれで満足する知恵こそが、本当の智慧である。これは、「未完の完」と言えよう。

或る絵描きは、いつまでも満足できずに描き続け、遂に画面が真っ黒になってしまった、という話がある。これは、未完の完を知らないからである。

ところで、長寿を願って摂生に努め、しかし或る段階で、「もうこれでよい」として満足すれば、たとえ死んだとしても、普通の意味では「死んだ」ことにはならないのではないか。「死にたくない」と思って死に抗しながら――病と戦いながら――死んでゆくのが、普通の死であるとすれば、途中で「もうこれでよい」と思って――言わば、途中で未完の天寿（?）を全うして――死ぬのは、普通の意味では「死ぬ」ことにはならないのではないか。この死も、未完の完である、と思う。途中で満足する知恵である。この智慧を獲得した者は、「死して而も亡びざる者」（『老子』第三十三章）なのである。この頃よく「死を受け入れる」という言葉を聞くが、これも途中で満足する知恵ではないのか。

4　道徳に対する存在の優位――「内在」(5)

『老子』第十八章に、こうある。

　大道廃れて、仁義有り。

　まったくショッキングな言葉である。天下の大道――この世の真実の存在様式――が廃れると、そこに仁とか義とかいった世間的な儒教的道徳が必要とされるのだ、というのである。老子の説く〈道〉さえ行われていれば、孔子の説く儒教など必要ない、というのである。老子の説く〈道〉は、本来的に存在するものである。したがって、「大道廃れて、仁義有り」とは、本来存在するはずの大道が廃れると、世間が乱れるので、儒教の説く道徳なるものが必要とされるのだ、というのである。したがって、道徳なるものは二次的なものであって、本来的には、〈道〉なる存在こそが第一次的なのである。この意味で老子は、道徳に対する存在の優位を説いている、と言えよう。そして、これは全く正しい、と思われる。第三十八章には、こうもある。

道を失いて而して後に徳あり、徳を失いて而して後に仁あり、仁を失いて而して後に義あり、義を失いて而して後に礼あり。夫れ礼なる者は、忠信の薄きにして、而して乱のはじめなり。

なんと怖ろしい言葉ではないか。礼が重んじられるのは、忠や信が薄いからであり、しかもそれは、乱の始めだ、というのである。

ついでに一言。〈礼〉には一般に〈返礼〉というものが要請される。礼には返礼という事が意味上含まれている。返礼を無視すると、「無礼だ」として非難されかねない。これは、〈礼〉というものの倫理的なレベルの低さを物語っているのではないか。

ところで、「道徳に対する存在の優位」と言えば、すぐに思い出されるのが、老子の「無為自然《むいしぜん》」であり、下っては、親鸞の「自然法爾《じねんほうに》」(『自然法爾章』)である。そして更に下っては、純粋経験という存在をもととする西田幾多郎の『善の研究』であり、人間という存在をもととする和辻哲郎の『人間の学としての倫理学』である。これらにおける基本理念は、「当為《ゾルレン》は存在《ザイン》に内在している」という事である。この理念は、「最大多数の最大幸福」を目指す類の西欧的な倫理思想の対極をなすものとして、注目されなければならない。老子の「無為自然」については、次項を参照して頂きたい。親鸞の「自然法爾」については、親鸞はこう言っている。

自然《じねん》といふは、自はをのづからといふ、行（為）者のはからひにあらず、然といふはしからしむといふことばなり。しからしむといふは行（為）者のはからひにあらず、如来のちかひにてあるがゆゑに法爾といふ。

要するに、人為的な計らいのない無為な生活こそが、仏の意にかなったものである、というのであろう。

西田幾多郎は、『善の研究』の序において、「純粋経験を唯一の実在としてすべてを説明して見たいというのは、余が大分前から有《も》って居た考えであった」と述べている。また、和辻哲郎は、『人間の学としての倫理学』の第一章の一において、「それ（倫理）は人々の間柄の道であり秩序であって、それあるがゆえに間柄そのものが可能にせられる」と述べている。即ち、和辻によれば、倫理は間柄の存在根底として、間柄にすでに内在しているもの、なのである。したがって、倫理の探究は、第一義的には、存在の探究なのである。倫理学は存在論なのである。

実は、この視点は後期のウィトゲンシュタインにもある。彼によれば、倫理的命令というものは、その社会において育ったものにとっては、その社会から調教せられ、教育せられ、与えられるもの、なのである。それは、所与なのである。倫理的命令——当為——というものは、生活の形式の一部として、我々にとっては所与なのである。彼は、『探究』において、こう言っている。

「それでは君は、人々の一致が、何が正しく、何が誤っているかを決めるのだ、と言うのか。」——正しい、とか、誤っている、とかは、人々の言うことである。そして、人々は、言語において、一致する。「しかし」このことは、意見の一致ではなく、生活の形式の一致である。（二四一節）

我々の生活の底には、生活の形式に組み込まれた倫理的命令が、所与として厳然として存在している。それは我々にとっては、いわばア・プリオリである。ここにおいては、もはや正当化はあり得ない。

かかる言語ゲームが行われている。（六五四節）

としか言いようがないからである。

ところで、このようなウィトゲンシュタインの倫理観は、自然主義であろうか。もし「自然主義」ということで、ムーアが彼の『倫理学原理』の一〇、六七、六九などで意味しているような自然主義――「善」(good) とは例えば「欲求される」(desired) という事である、といったように、「善」を何らかの自然的性質で定義しようとする倫理観、或いは、価値判断を存在判断から導こうとするような倫理観――を考えるとすれば、ウィトゲンシュタインの倫理観は、自然主義ではない。しかし、だからといって、価値判断は存在とは無関係だ、という事にはならない。我々が生まれ育った社会の生活の形式に組み込まれており、我々が否定すべくもなく受け入れざるを得ない倫理的命令を、我々は、或る意味では、我々自身の本質的一部として、生きているのである。そしてその意味では、価値判断は、存在判断の一部ではなく、まさに存在そのものの一部なのである。或いはむしろ、価値判断は存在に内在している、と言うべきであろう。

ここで、少し脇道にそれることにする。夏目漱石は晩年「則天去私」という境地に達した、と言われる。この「則天去私」(「天に則って私を去る」)は、「無為自然」とも「自然法爾」ともよく似ている。全く同じ、とも考えられる。では、その実はどうなのか。私は、こまかいようだが、「則天去私」は、「無為自然」とも「自然法爾」とも根本的に異なっている、と思う。なぜなら、「則天去私」では天が先行しているから。「無為自然」では「自然」が天であり、「自然法爾」では「法」が天である。そしてともに、人の行いの後にある。この違いは決定的である。そもそも相対者である人間は、絶対者である天に人間の方からアプローチすることは、論理的に不可能である。人間に可能なことは、相対者である自己を否定し、無為になることである。エゴを棄てることである。するとそこに、絶対者のほうからアプローチしてくれる、というわけである。西田幾多郎の言う「逆対応」である。そうであるとすれば、人間に可能なことは、自己を否定して絶対者を迎え入れることのみである。そして実際、「無為自然」も「自然法爾」も、この構造になっている。しかし漱石の「則天去私」は、そうなっていない。先ず「則天」があり、それに「去私」が続くのである。そしてこれは、相対者である人間にとっては、論理的に不可能なことなのである。ここで可能なことは、順序を逆にして、「去私則天」とする事である。先ずはエゴを全て捨てさり（去私）、天に則った（則天の）生活をすることである。老子の言う意味での「自然」に、そしてまた、親鸞の言う意味での「法」に、従った生活をすることである。そして実際、漱石の真意も、そうであったのだと思う。

5　無為自然

『老子』の第三十七章に、こうある。

道は常に無為にして、而も為さざるは無し。

無為こそ、道に従った働き方なのである。老子は、こうも言っている。

人は地にのっとり、地は天にのっとり、天は道にのっとり、道は自然にのっとる。

（『老子』第二十五章）

道の原理は自然なのである。したがって結局、道の原理は「無為自然」だ、ということになる。（欲に駆られて）人為的に何かを為すことなく（無為）、天命に従って自然にふるまう、これこそが人の従うべき道だ、というのである。これは、じたばたせずに運命に従え、という事でもある。これこそが、老荘における人生訓ではなかろうか。老荘の背後には、「無欲であれ」という声が常に響いている。老荘ならば言うであろう。「原罪とは欲のことと見つけたり」。

6　無執故無失

『老子』の中で、私にとって最も印象的な言葉は、第六十四章にある「無執故無失」という言葉である。これは、「執着無きが故に失うもの無し」という事である。主語は、『老子』の本文では、聖人――無為自然を生きている人――であるが、もちろん誰でもよいであろう。誰であろうと、執着の無い人は、執着無きが故に失うものは無い、というのがその本旨であろう。

この主張は全く論理的である。失う、という事は、失いたくないもの――執着の有るもの――についてのみ言えるのである。執着の無いもの、無くてもよいもの、更には、捨てたいもの、については、「失う」という事が意味を失うのである。我々は、ごみ箱の中の物について、「失う」などと言うであろうか。

この帰結は、重大である。何故ならば、命に執着の無い人では、「命を失う」――死ぬ

――という事が意味を失うから。命に執着しなければ、不死になるのである。死は、人間にとってはいかんともし難い客観的事実、ではないのだ。

7　万物斉同の真実在

『荘子』内篇の「斉物論《せいぶつ》」に、こうある。

上古の人は、知が或る究境に到達していた。その到達していた境地とは、根源において、物は存在しないと考える境地である。それは究境に達しており、あらん限りを尽くしていて、最早何も追加することのできない、最高ランクの知である。

次のランクは、物は存在するけれども、根源において、封（彼《あれ》と是《これ》の区別）は存在しないと考える知である。

さらに次のランクは、封（彼是《あれこれ》の事実）は存在するけれども、根源において、是非

（価値の区別）は存在しないと考える知である。

一層下がって、是非の価値が姿を彰かに現わすと、それは道がそこなわれる原因となった。これは最早知と認めることのできないものである。

最後に、この道がそこなわれると是非がそのまま原因となって、自己の小成や栄華への愛好などの感情が形成されたのである。

世俗の境地では、こうである。先ず、(1)物が存在し、(2)物には区別が存在し、(3)そこには価値の区別が存在し、(4)その結果、欲望が発生する。これに対し究境の境地では、(1)物は存在せず、(2)したがって物の区別は存在せず、(3)したがって、価値の区別も存在せず、(4)よって、欲望は発生しない。

では、なぜ「物は存在せず」などと言えるのか。

荘子は、こう言っている。

ハンセン病患者と美人の西施《せいし》の相異などを含めて、訝しくも不思議にも、道は全てを通じて斉同《せいどう》（一つ）にしている（道は通じて一と為す）。（一五五頁）

注　西施とは、芭蕉の句「象潟《きさかた》や雨に西施が合歓《ねむ》の花」で知られる、中国春秋時代の美人の名前。

世俗の境地では、ハンセン病患者は醜く、西施は美しい。しかしこれは世俗の人間の立場での事にすぎない。もしも西施が、全員がハンセン病患者の国に流れついた場合、西施こそ醜い人間の標本にされかねない。この例でもわかるように、美醜の区別などは、全く人間的なものなのである。しかし、美醜の区別はそうだとしても、物の区別そのものは客観的ではないのか。だが、そうではない。サピア―ウォーフの説でよく知られているように、物の区別は、その生活環境によって、著しく異なるものなのである。物の区別などは、客観的には存在しないのだ。してみると、最終的には、一切の区別を消し去った物の世界、のっぺらぼうな物の世界が存在するのだろうか。しかし、のっぺらぼうな物の世界――無名な物だけで構成された世界――は、既に物の世界ですらないのではないのか。濃淡すらない赤一色の世界には、赤い色は存在しないように、ただ無名な物々で満ちた世界には、物は存在しないのだ。かくして我々は、「物は存在せず」という究境の境地に達し得るのである。その世界は、差別の一切ない斉同の世界であり、存在するとすれば、そのような一切無差別な斉同の世界が唯一存在するのみ、なのである。そして、それこそが真実在なのである。

サルトルは小説『嘔吐』（鈴木道彦訳、人文書院、二〇一〇年）の「午後六時」の日記に、こう書いている。

私はさっき公園にいたのである。マロニエの根は、ちょうど私のベンチの下で、地面に食いこんでいた。それが根であるということも、私はもう憶えていなかった。言葉は消え失せ、言葉と一緒に物の意味も、使い方も、人間がその表面に記した微かな目印も消えていた。

主人公ロカンタン（サルトル）は、このとき、真実在に触れたのである。そうだとすれば、真実には、地上の人間世界における喜びも悲しみも、愛も憎しみも、善も悪も、さらには、戦争も平和も、意味をなさないのである。この真実在の世界を、もしも映画に撮ろうとすれば、例えば、青一色に塗りつぶされてしまうであろう。そうだとすれば、真実在とは、実は、一切無差別な青の世界、否、青の世界とすら言えない「一切空《くう》の世界」なのである。

8 坐忘——荘子と道元

『荘子』の内篇にある「大宗師」の第七章「坐忘についての問答——身体と感覚を棄てて道と一体になる」は、こうである。

弟子の顔回が、ある日、仲尼《ちゅうじ》（孔子の字）に向かって言った。「私、一歩進みましたか。」

仲尼、「どういうことだね。」

「仁義の徳を忘れることができるようになりました。」

「それは結構。しかし、まだまだだね。」

後日、またお目にかかって、「私、さらに一歩進みました。」

「どういうことだね。」

「礼楽の掟を忘れることができるようになりました。」

「それは結構。だが、まだまだだね。」

後日、またお目にかかって、「私、さらに一歩進みました。」

「どういうことだね。」

「坐忘ができるようになりました。」

仲尼ははっと顔を引き締めて、「坐忘とはどういうことかな。」

顔回、「はい、手足や身体の働きを退け、耳目の感覚作用を除き、己の身体を離れ、心知を棄て去ることによって、大道（あらゆる物に自由に疎通する道）と一体になること、坐忘とはこういうことです。」

仲尼、「なるほど、道と一体になれば、一つの物への偏愛はなくなるだろうし、道に溶けこんでしまえば、一つの事への拘泥は生まれないだろう。君はさすがに優れているね。これからは、私も君に学ばせてもらいたいものだ。」

ここで言われている「坐忘」とは、道元における只管打坐における身心脱落そのもの、のように思われる。それは、「只管打坐」という形式と「身心脱落」という内容を「坐」と「忘」という二語で一挙に表したもの、のように思われる。

そもそも老荘の思想と大乗仏教は、驚くほど親和性がある。だからこそ印度から中国へ伝えられた大乗仏教は、容易に受け入れられたのである。

[コラム2] 私の読書遍歴——『講談社の絵本』から西田幾多郎「場所的論理と宗教的世界観」まで

中原中也の詩に、「思えば遠く来たもんだ」という一節がある。中也がそう思った背景はともかくとして、実は私も近頃ほんとにそう思う。

子供の頃は、『講談社の絵本』を読みふけったり、『少年講談』という比較的厚い本をほとんど全巻読み通したりした。前者は、当時一流の画家を動員して作られた上質な絵本で、今でも読むに値するのではないか。後者は、その多くは英雄豪傑や忍者が活躍するたわいもない話であるが、中には、粂平内という剣豪は、生前多くの人をあやめたので、自分の座像を石に彫って、死後、人々に踏まれるように道に埋めさせた、といった話などもあって、心に残っている。他方、曽我兄弟の仇討ちのような話は、執著心の塊のようで、好きになれなかった。由比正雪の話も、陰湿でいやであった。その後、中高時代には、相馬御風の大著『大愚良寛』などを読んで、良寛が大好きになった。そのころ愛読した本に、倉田百三の『法然と親鸞の信仰』があった。私はこの本で、法然の『一枚起請文』と親鸞の『歎異抄』を読んだ。私は前者から、信仰は知ではない、ということを教えられた。後者で一番心に残っているのは、こういう部分である。

ある時親鸞が、

「唯円房、お前はわしの言うことを信じるか」

と言ったから、

「はい。信じます」

と唯円が言うと、

「きっとそうか」

親鸞は駄目をおした。

「きっとでございます」

と唯円は謹んで答えた。すると親鸞は、

「人を千人殺して見よ、そうすればきっと往生は定まるだろう」

と言った。

「仰せではございますが、一人の人間を殺すことだって私の器量ではとても出来そうもありません」

［と唯円が答えたら、］

「それ御覧、ではどうしてわしの言うことをきっときくと言うのか。これで解るだろう。何事でも思う通りに出来るものなら、往生のために人間千人殺せと言えば即座に殺すだろう。けれども一人でも殺し得る業縁がないから殺さないのだ。自分の心が善くて殺さないのではない。またたとい害しまいと思っても、百人、千人殺すこともあるだろう」

と親鸞は言った。（講談社学術文庫版では、下巻、一四六―一四七頁）

人間の行いは全て、善も悪も業によるのだ、というのである。

よきこころの起こるも、宿善のもよほす故なり。悪事のおもはれせらるるも悪業のはからふゆゑなり。（『歎異抄』［一三］）

という訳である。そうであるとすれば、力ある存在としての自己――行為の主体としての自己――というものは実は存在しないのだ、ということになる。

その後私は大学で理論物理学を専攻する（その間の経緯については、別の所で書いたから、ここでは省く。拙著『ウィトゲンシュタインと「独我論」』（勁草書房、二〇〇二年）を参照）。

そして私の哲学は、当時の理科系の学生としては当然のように論理実証主義になり、その後論理経験主義に到る。それに従って読書も、カルナップ、ヘンペル、ネーゲルといった、その方面の指導者たちの本になってゆく。今にして思えば、この時期は私にとっては、冬の時期――裏の時期――であった。それが、春が来て表の時期になったその機縁は、デュエムの『物理理論の目的と構造』に出会ったことである。この本は、原本はフランス語であるが、今は邦訳が出ている。しかし、当時は邦訳が無く、プリンストン大学出版局から英訳が出ていたので、それを購入した。論理経験主義者たちとデュエムの違いは、前者が「原子論的」であるのに対し、後者が「全体論的」である、ということである。前者は「部分は全体に先立つ」と考えるのに対し、後者は「全体が部分に先立つ」と考えるのである。ここに「先立つ」とは、「意味上先立つ」ということである。デュエムの立場から見た科学の姿については、沢田允茂編『哲学』（有斐閣双書、一九六七年）にある私の担当項目「自然科学の論理」を参照して頂きたい。拙著『科学と人間――ウィトゲンシュタイン的アプローチ』（勁草書房、一九七七年）に「自然科学の構造」として再録されている。

その後私は、論理経験主義に反旗を翻したトゥールミン、ハンソン、クーン、ファイヤアーベント、といった新派の哲学者たちの論著を読むようになる。それらの中で特に有名なのは、クーンの『科学革命の構造』であろう。その中でキータームとして使われた「パラダイム」という言葉は、流行語になった。クーンはその著作で、「ルールに対するパラダイムの優先」ということを主張した。そしてこれは、カルナップ、ヘンペル、ネーゲルたちの旧派の哲学に対するアンチテーゼであったのである。ところが彼らの背後には、ウィトゲンシュタインの哲学があった。そういう訳で私は、ウィトゲンシュタインの哲学に深入りしていった。そして、奉職していた成城大学から一年間の有給休暇（サバチカル）をもらい、当時集められる限りの関係資料を世界中から集めてウィトゲンシュタイン研究に専念し、その成果は一九八〇年、『ウィトゲンシュタインの生涯と哲学』として、勁草書房から出版された。

ウィトゲンシュタインの哲学は、大きく、前期と後期に分けられる。前期の主著は『論理哲学論考』（略して『論考』）であり、後期のそれは『哲学探究』（略して『探究』）である。前者は「論理的原子論」であり、後者は「言語ゲーム論」である。一般的に言えば、後者の『探究』の方が重要である。願わくば、ドイツ語の原書をドイツ語でゆっくり繰り返し読んでいただきたい。この事だけを唯一の目的にしてドイツ語を学ぶだけの価値はある、と思う。ウィトゲンシュタインのドイツ語はやさしい。

ウィトゲンシュタインのそれ以外の著作については、特に『断片』という著作と『確実性について』という著作が重要である。前者においては「純粋な持続」という概念が導入され、後者においては「世界像」という概念が導入された。いずれも、非常に重要な概念である。

さて、あるとき大森荘蔵先生から電話がかかって来た。いくらか興奮したご様子で、「最近出たクリプキの論文を読んだか」というのである。それは、ウィトゲンシュタインの死後二十五周年にあたる一九七六年の三月に、カナダのオンタリオ州にあるロンドンという小都市で行われた「ウィトゲンシュタイン会議」で行われたクリプキの講演であった。当然私は知らなかった。大森先生は、その会議に出席して発表もなさった石黒（ひで）さんから、送られたようであった。私は、その後単行本として出版されたその論文を手に入れて、読み始めた。衝撃的であった。程なく、産業図書の社長さん（江面さん）から電話がかかって来た。その本を翻訳してくれ、というのである。私は、「こんな難しい本は売れないでしょう」と言って断ったが、「是非に」と言うので引き受けた。クリプキの本は、世界の哲学界に衝撃を与え、私の翻訳も、日本でそれなりに読まれ、版を重ねた。クリプキの主張は、世界的に賛否が分かれたが、私は「賛」の方にくみした。柄谷行人氏も「賛」の方であった。その内容については、拙著『科学の誘惑に抗して――ウィトゲンシュタイン的アプローチ』（勁草書房、一九八七年）にある「クリプキの『探究』解釈とウィトゲンシュタインの世界」を参照していただきたい。

ヒュームは、事象間の必然的結合の存在を疑い、因果関係を、必然的結合によってではなく、恒常的連接によって説明した。しかし、そのようなヒュームの懐疑論は、経験的事象の範囲内に限られていた。ところがウィトゲンシュタインの懐疑論は、経験的事象の範囲を超え、ヒュームが毫《ごう》も疑わなかった論理や数学にまでおよんでいる。おそらくこれが、懐疑論の行き着くどんづまりであろう。そうであるとすればウィトゲンシュタインは、ヒュームの懐疑論を、なお一層徹底させ、行き着ける所まで行き着かせたわけである。しかもウィトゲンシュタインは、それに対し、一定の解決を与えているのである。ここに彼の哲学史上における偉大な位置がある。

話はさかのぼるが、私は縁あって、一九七〇年の十月から一年間、カナダのモントリオールにあるマックギル大学の、マリオ・ブンゲが指導する科学哲学の研究所に、研究助手として在籍した。その成果は、後に、マリオ・ブンゲ著・黒崎宏訳『因果性——因果原理の近代科学における位置』(岩波書店、一九七二年)として出版された。モントリオールでは、私は多くの人から、日本の哲学についてよりも、禅について質問されることが多かった。しかし私は、禅について関心は持っていたが、本腰をいれて勉強していたわけではなかった。そこで私は、モントリオールの書店で禅に関する書籍を買い求めた。モントリオールは、カナダにおける文化の中心都市であり、多くの書店には、禅に関する書籍がたくさん並んでいた。もちろん、英語で書かれた鈴木大拙の本も幾冊かあった。私はそれらを買い求めて、真剣に読んだ。これが私の禅入門である。したがって私の禅入門は、英語からであった。

マックギル大学も夏休みに入る間際になって、私は、ブンゲ教授から彼が主催する研究会で日本の哲学について講演するように、頼まれた。私は、苦しまぎれに、西田哲学について話をした。しかしそれは、全くお粗末なものであった。

日本へ帰ってから、奉職していた成城大学の教師仲間で、道元の『正法眼蔵』を読む会が企画され、講師として秋月龍珉老師が招かれた。そこで読まれたのは、「現成公案」「仏性」「一顆明珠」「有時」「山水経」などであった。そんなおり私は、秋月老師のお勧めにより、無知蒙昧をも顧みず、一九八六年から一九八七年にかけて、老師が主幹の雑誌『大乗禅』に「ウィトゲンシュタインと禅」という論考を六回にわたって連載させていただいた。私はまず、神田の古書店に行って岩波書店版の『鈴木大拙全集』全巻を買い、一通り通読して、その中から重要だと思われる数冊を選び出し、それらを精読して、大拙の言う「即非の論理」なるもののウィトゲンシュタイン的理解に努めた。私にとっては、この経験は非常に有益であった。それは、後に哲学書房から『ウィトゲンシュタインと禅』(一九八七年)として、出版された。

しかし、鈴木大拙はともかくとして、道元は、どれを読んでも腑に落ちなかった。真剣に読めば読むほど体が熱くなり、「これは健康に悪い」とさえ思えてきた。秋月老師の解説も、今ひとつ心に入らない。多くの解説書も、どこか曖昧で納得できない。そんなおり、一応納得できる解説書に出会った。西谷啓治著の『正法眼蔵講話』全四巻（筑摩書房、一九八七―一九八九年）である。それで私は、一切をごまかす事なく、私の理解した『正法眼蔵』を書き留めておこうと思った。それが、拙著『ウィトゲンシュタインから道元へ――私説『正法眼蔵』』（哲学書房、二〇〇三年）である。その「おわりに」において、私はこう書いた。

振り返って思うに、道元の教えは、徹底した「この世の現象学である」と言えよう。ウィトゲンシュタインの「言語ゲーム」という言葉を用いれば、それは、徹底した「言語ゲームの世界の現象学である」とも言えよう。そこには、神秘的なるものは勿論の事、超越的なものも仮説的なものも、一切存在しない。強いて言えば、そこにあるものは、自受用三昧の底にある存在への信仰だけである。私は、先に「結語」において、道元の教えは、「「宗教だ」と言えば、「自受用三昧の宗教だ」と言えよう」と言ったが、「信仰だ」と言えば、「存在への信仰だ」とも言えるのではないか。

では、「自受用三昧《じじゅゆうざんまい》」とは何か。それは、「人生における全てを、マイナス面をも含めて絶対肯定し、それと一体の生活をする」という事であろう。要するに道元の教えは、「一切を絶対肯定し、ありのままに生きよ」というのである。道元は、こう言っている。

生《しょう》来たらば、ただこれ生。滅《めつ》来たらば、これ滅に向かいて仕うべし。厭うことなかれ、願うことなかれ。(『正法眼蔵』生死の巻)

ここで、「絶対肯定」という言葉にニーチェの匂いを感じていただければさいわいである。

さて私は、拙著『ウィトゲンシュタインから道元へ――私説『正法眼蔵』』において、龍樹の『中論』の一部を援用した。したがって私は、一部を援用する以上、『中論』の全体についての理解をも確かなものにしておくべきである、と思った。これは、研究者としての倫理であろう。かくして、私の『中論』との格闘が始まった。

実は、私の『中論』との格闘には、もう一つの契機があった。それは、中村元著『龍樹』(講談社学術文庫)の新刊案内の解説に、こうあったことである。

真実に存在するものはなく、すべては言葉にすぎない。深い思索と透徹した論理の主著『中論』を中心に、「八宗の祖」と謳われた巨人の「空の思想」の全体像に迫る。

「真実に存在するものはなく、すべては言葉にすぎない」とは、聞き捨てならない言葉である。これは、龍樹の『中論』の中にある言葉であろうか。中村元の解説の中にある言葉であろうか。あるいは、新刊案内の解説を書いた編集者の言葉であろうか。

かくして私は、まず中村元著の『龍樹』を細心の注意をはらって読むことから始めた。しかし、そのような言葉はどこにも見当たらなかった。次に私は、中村元訳をもとにしながら、それと三枝充悳訳と本多恵訳を突き合わせながら、『中論』を細心の注意をはらって読むことを試みた。しかしやはり、そのような言葉は、どこにも見出せなかった。それでは、「真実に存在するものはなく、すべては言葉にすぎない」という言明は、誤りであろうか。私は、そうは思わない。それでは、少し不注意で、少し言い足りない、ということである。私は、本来ならば、「ものには実体がなく、すべては言語ゲームである」と言うべきであった、と思う。そしてこれが、「空の思想」の「ウィトゲンシュタイン的表現」である、と思う。こうして、拙著『ウィトゲンシュタインから龍樹へ——私説『中論』』（哲学書房、二〇〇四年）が生まれた。

『正法眼蔵』と違い『中論』は、私にとっては、全てではないがその主要部分の多くは、ストンと心に落ちる明確さで理解できた。それで私は、龍樹の『中論』のみに基づいた仏教を考えてみよう、と思った。そしてそれを「純粋仏教」と名付けた。

純粋仏教には、二つの面がある。一つは「縁起の世界観」であり、もう一つは「一重の原理」である。前者は、「一切は意味的につながっている」という世界観であり、後者は、「物事は二重に起きることはない」という原理である。そしてそのいずれにも、神秘的なことは勿論のこと、超越的なことも仮説的なことも、一切存在しない。それらは、現実の生活世界の真実の姿についての、徹底した自覚に他ならない。したがって我々が、神秘的なことも超越的なことも仮説的なことも一切排除して、確かな真実の世界に生きようとするならば、我々に可能なことはただ一つ、「純粋仏教」を生きる、ということしかあり得ない。しかしそれは、実は、もはやいわゆる「仏教」ではなく、「宗教」ですらないであろう。そこには、神も仏も、天国も地獄も、そしてまた霊魂さえも、ないのである。そこで私は龍樹を、ソクラテス、プラトン、アリストテレスに続くヘレニズム・ローマ時代の懐疑主義哲学者セクストスと対比しながら、「純粋仏教」を書いてみた。両者は、驚くほど似ているからである。拙著『純粋仏教——セクストスとナーガールジュナとウィトゲンシュタインの狭間で考える』（春秋社、二〇〇五年）がそれである。「龍樹」とは、実は、ナーガールジュナの漢訳名なのである。ちなみに、「一重《ひとえ》の原理《げんり》」とは、私の命名である。

ここまでは、『講談社の絵本』から龍樹『中論』までの私の読書遍歴である。その後はと言えば、和辻哲郎の『人間の学としての倫理学』と大著『倫理学』（上中下）であろう。これらの本は、真に繰り返し心を込めて読むに値する。もしも私が今大学で倫理学の講義を受け持つならば、何の躊躇もなく、『人間の学としての倫理学』をテキストにえらぶであろう。哲学の講義、あるいは哲学史の講義を受け持つとしても、『人間の学としての倫理学』をテキストにえらぶかもしれない。

では、カナダで講演した西田哲学の方は、その後どうなったのか。私は、高校時代に『善の研究』を読んで以来、西田幾多郎は始終気になっていた。しかし、本格的に取り組むことはなかった。しかし、秋月老師が西田の「逆対応」という語をしばしば用いるのにつられて私は、その語が用いられた西田最晩年の長大な論文「場所的論理と宗教的世界観」を読むうちに、その「逆対応」という語とともに、西田のトレードマーク「絶対矛盾的自己同一」も、霧が晴れるように次第に理解できるようになった、と思われた。私は、こう考えたのである。

例えば、ウィトゲンシュタインの言語ゲーム論に基づいて仏教の「縁起の思想」を考えれば、二項対立している両者は、両立は不可能であるが、意味上は相互浸透しているのであり、したがって、互いに他の存在を前提にしているのであって、それ故、対立を越えて真に存在しているもの——そこにおける自己同一なもの——は、実は、この両者を貫いている〈一なるもの〉ではないのか。そうだとすれば、二項対立しているもの——矛盾しているもの——は、実は表層の姿であって、真に存在しているものは、全て、両者を貫いている〈一なるもの〉、即ち、「矛盾的自己同一」なるものではないのか、という事になる。これが私の「絶対矛盾的自己同一」の理解である。「絶対」という形容は、あってもなくてもよい。「相対的矛盾」などというものは存在しないからである。

(1) 例えば、今日の私は、昨日の私と同じ（same）ではないが、同一（identical）である。真に存在している〈私〉は、その両者を貫いている〈一なるもの〉である。〈矛盾的自己同一なるもの〉である。

(2) 悪人が、阿弥陀仏の誓願によって救われて、善人になった。勿論、その悪人と善人は同一人である。ここにおいて真に存在しているものは、その両者を貫いている〈一なるもの〉である。〈矛盾的自己同一なるもの〉である。

(3) ここに一枚の紙がある。それには表と裏がある。「表」は「裏」ではない。「裏」は「表」ではない。しかし、表を裏返せば裏になる。裏を裏返せば表になる。そこに真に存在するものは、両者を貫いている〈一なるもの〉である。〈矛盾的自己同一なるもの〉である。

(4) 禅では、「一塵に全宇宙が宿る」と言われる。一つの塵を説明しようとすると、話は全宇宙に及ぶからである。この事を「一即多、多即一」とも言う。一の中には多が詰まっており、また、多の集まりは全体として一なのであるからである。これが、存在の真実である。そこに真に存在するものは、両者を貫いている〈一なるもの〉である。〈矛盾的自己同一なるもの〉である。

私は、このように「矛盾的自己同一」を理解したい。ウィトゲンシュタインの言語ゲーム論に基づいて仏教の「縁起の思想」を考えれば、真に存在するものは〈矛盾的自己同一なるもの〉なのである。私は、西田幾多郎のこの思想を高く評価したい。それは決して神秘的でも曖昧でもなく、理性の限界内で十分よく理解しうるものなのである。

西田幾多郎について何を読むべきか、と問われれば、私は、処女作の『善の研究』と最晩年の「場所的論理と宗教的世界観」を挙げる。

最後に、大森荘蔵先生について触れておこう。先生には多くの著作があり、岩波書店から著作集が出版されているが、どれを読んでも心に残るものばかりである。しかしここでは、『流れとよどみ——哲学断章』(産業図書、一九八一年)と、そのあとに続く青土社からの晩年の三部作『時間と自我』(一九九二年)、『時間と存在』(一九九四年)、『時は流れず』(一九九六年)を挙げておく。

III　ライプニッツ——「言語的内在」の形而上学

1　ライプニッツ試論――原子論《アトミズム》から単子論《モナドロジー》へ

はじめに

十七世紀から十八世紀にかけての偉大なる数学者にして偉大なる哲学者であったライプニッツの、遺書ともいえる小さな短文集『単子論《モナドロジー》』と、それに論理的基礎を与えている彼の初期の著作『形而上学叙説』を読んで、私は、私なりに彼の思想を再構成してみた。使用したテキストは、以下の二書である。

ライプニッツ著・河野与一訳『単子論』、岩波文庫、一九五一年第一刷（一九七七年第一五刷）

ライプニッツ著・河野与一訳『形而上学叙説』、岩波文庫、一九五〇年第一刷（一九九七年第四刷）（以下では『叙説』と略記）

私にとって、なぜ今ライプニッツなのか、という事については、本節末尾の「おわりに」を読んでいただきたい。

河野与一訳は、両書とも実に誠実な名訳であって、全く信頼するに足る。解説も大いに参考になる。但し、いささか使用文字と言葉使いが古めかしい。そこで私は、引用にさいしては、それらをいくらか今風に改めた。なお、一か所、内容に立ち入って、私見によって改めたところがある。『叙説』の第六章の三行目「設けた」を、「おける」に改めたのである。私の語感では、「設けた」では、ライプニッツが同意しない機会原因論の臭いがするからである。しかし、おそらくそうしては、誤訳になるであろうが（気になる方は『叙説』の本文で直接お確かめいただきたい）。また［　］は私の挿入である。

1

「単子（モナド）」とは、単一実体のことである。ここに「単一」とは、たとえ内部構造を有するとしても、全体として一なるもの、のことである。それを表す概念を有するもの、のことである。そして「実体」とは、「個体的実体」のことであり、論理的には、完足的概念を有するもの、のことである。ここに「完足的概念」とは、真としてそれに属する述語をすべて有する主語概念、のことである。したがって「単子」とはたんに、完足的概念を有するもののことである、と言える。完足的概念を有すれば、それを表す概念を有するのであるから、そこには、全体として一なるもの、という事が含まれているからである。

完足的概念を有するものは、種的存在ではありえない。それは、この宇宙において、唯一の存在である、即ち、唯一なるもの、である。したがって結局、こういう事になる。「単子」とは、完足的概念を有するもの、のことである。それは、この宇宙において唯一なるもの、である。そして、この逆も正しい。[1]

(1)ライプニッツはこう言っている——すべて真の述語設定が事物の中に何か根拠を持っているという事は、常に本当である。或る命題が自同的でない場合、即ち、述語が表明的に主語の中に含まれていない場合に、述語は主語の中に潜勢的に含まれている筈である。これを哲学者は「内在」と称し、「述語は主語の内に在る」と言う。そこで、主語は常に述語を含んでいなければならない。その結果、主語の意味を完全に理解する者は、また、「この述語はこの主語に属する」という判断を下すことになる。そういう次第であるから、個体的実体(単子)、即ち完足的なものは、その本性上、「それを表す概念の属している主語に含まれているすべての述語を理解するに足り、また、そこからそれらの述語を演繹して来るに足りる位完足的な概念」を持っている、という事が出来る。(『叙説』第八章)(傍点は引用者による。)

注 「完足的概念」(notion complete)とは、「完全に充足している概念」を意味している、と理解すればよい。これはライプニッツ独特の基礎概念であるから、独特の訳語が用いられているのであろう。

2

単子の典型例は、人間の理性的精神である。動物が精神(動物的精神)を持っている事、そして、物体が実体として実体的形相を持っているという事は、認められる。[2] 植物が植物的精神を持っているという事も、認められてよいであろう。動植物の精神や物体の実体的形相は、人間の理性的精神よりも不完全ではあるが、やはり一種の精神である、と言ってよいであろう。

しかし、動植物の精神や物体の実体的形相は、自分が何であるか、という事も、自分が何をしているか、という事も知らず、したがって、反省するという事がない。それ故、動植物の精神も物体の実体的形相も、倫理的性質を持つ事が出来ない(『叙説』第三四章を参照)。

これに対し人間の理性的精神は、自我を自覚し、同一人格を保持している。したがってそれは、懲罰の対象にもなるし、褒賞の対象にもなる。

(2)ライプニッツはこう言っている――実体の本性について深く考える人には、物体は、形而上学的厳密を以って言うと、実体ではない(これは実際プラトン派の人の意見であった)という事か、もしくは、[形而上学的厳密を以ってではなく言うとすれば]物体の本性全体が、ただに拡がり即ち大きさ、形および運動からばかり成り立つものではなく、精神と関係のある何物かを、そこに必然的に認めなければならない、という事が分かるであろう。この何物かは、仮に動物の精神というものがあるとすれば、その精神と同様に、現象に少しも変化を及ぼすものではないけれども、一般に実体的形相と称しているものなのである。(『叙説』第一二章)

3

西洋哲学では、古代以来、それ以上分かつ事の出来ないもの――「不可分割者」――を、「原子(アトム)」と言ってきた。概念上では、数学的な意味での「点」が、それに当たる。しかし、点をいくら集めても物体が出来るわけではないから、原子を点と考える事は出来ない。したがって原子としては、微小なりといえども、有限な大きさを持った限りなく硬いものを、考えなければならない。したがってそれは、概念上は、不可分割者ではない。即ち、本来の意味での原子ではない。では、本来の意味での原子――不可分割者――は、存在しないのか。存在する。それが単子である。ライプニッツに従えば、そうなる。ライプニッツは、こう言っている――単子は「自然の本当の原子」であり、一口で言えば、「事象の要素」である（『単子論』第三章）。

4

さきに私は、単子の典型例として、人間の理性的精神をあげた。しかしもっと分かりやすいのは、人間の身体である。そこで今ここに、単子の具体例として、私のこの生身の身体を考えてみる。

私の身体は単子である。それはこの宇宙に、あとにもさきにも、唯一つしかない。しかしそれには、脳があり、心臓があり、肺があり、肝臓、腎臓、等々があり、要するに、多くの臓器がある。私の身体は、多くの臓器によって構成されているのである。

その事を今、「Sはa、b、c、d、……によって構成されている」と言うことにする。この場合、Sは、「a、b、c、d、……に分解できる」と言う事は出来るが、「a、b、 c、d、……に分割できる」と言う事は出来ない。何故か。Sをa、b、c、d、……に分割するという事は、Sを跡形もなく消してしまって、a、b、c、d、……を、Sとは関係なしに、それ自体として理解しようとする、という事である。そうすると、例えば私の脳は、もはや私の脳という意味を失い、「脳」という意味さえも失って、ただの奇妙な、まったくグロテスクな物体に化してしまう。物体Xに化してしまう。他の臓器についても全く同様である。そして、それら意味不明な物体たちを集めても、そこに「私の身体」という意味を有するものが生まれて来はしない。それは依然として、意味不明な複合体にすぎない。

これに対し、分解の場合は違う。「分解」という言葉の良い例が、数学における「因数分解」（より正しくは「素因数分解」）である。例えば、165という数は、1×3×5×11、というように、四つの素数の積の形に分解される。このように、或る数を素数の積の形に分解することを「因数分解」と言う。そして、この例から明らかなように、因数分解とは、或る数を素数に分解すると同時に、（積の形で）それらを繋げることなのである。ここにおける分解は、同時に（積の形での）結合なのである。さきの例で言えば、Sを「a、b、c、d、……に分解する」という事は、同時に、Sは「a、b、c、d、……の（積の形での）結合である」という事を示す、という事なのである。これは、私の身体は「私の脳、心臓、肺、肝臓、腎臓、……の（有機的な）結合である」という事であり、これは全く自明な事に他ならない。一見奇妙に思われるかもしれないが、ここにおける論理は、分解即結合なのである。分解なくして結合なく、結合なくして分解なし、なのである。

5

私の身体は単子である。それは、この宇宙において、あとにもさきにも唯一つしかない。そして同じことが、私の全ての臓器についても言える。ということは、単子（私の身体）は、多くの単子（私の脳、心臓、……）によって構成されている、ということである。ここにおいて単子は、入れ子構造をなしている、と言えるのである。単子は多くの単子による入れ子構造によって構成されているのである。[3]

「入れ子構造」を認める事が、単子論のキーポイントである、と思う。我も汝も単子である。汝は我の中にあり、我は汝の中にある。この入れ子の相互性が、単子間の基本構造である。そして最大の単子は、精神世界においては神であり、物体世界においては宇宙である。では、最小の単子は何か。それは、精神世界においては、無限小なるものの実体的形相であり、物体世界においては、無限小なるものであろう。それが何であるかは、われわれ人間には分からない。しかし神の眼には、はっきり見えているのであろう。神においては、全てのものが単子であり、宇宙は単子の巨大なマトリョーシカなのである。

念のために、少し追記する。「汝は我の中にあり、我は汝の中にある」という、この入れ子の相互性は、空間的模型で示すことは不可能であろう。メビウスの帯もクラインの壺も、役に立たない。強いて言えば、鏡である。単子は「生きた鏡」などとも言われるが、それとは違った意味で、私が鏡の前に立つ。すると私の姿が、前後左右を反対にして、鏡の中に映る。そこで、鏡のこちら側を我の世界、あちら側（鏡の内部）を汝の世界とすれば、我は汝の世界の中にいるが、その汝の世界は我の世界の中にあるのである。

（3）ライプニッツはこう言っている――生物の身体には、それぞれ主となってそれを支配しているエンテレケイア［（それを実体にする形相――実体的形相）］があり、動物においては、それが精神［（動物的精神）］だ、ということが分かる。ところで、この生物の身体の分肢には、他の生物植物動物が充ちていて、その各々が、またそれぞれ主となって、それぞれを支配しているエンテレケイアもしくは精神を持っている。（『単子論』第七〇章）

注　動物の中に植物があるという事は不自然だ、と思われるかもしれないが、ライプニッツにおいては、動物と植物の区別は本質的ではない。そして実際、動物の中に、カビのような植物的なものも存在している。

6

我々は、この宇宙に不可分割者を求めて、単子に到着した。それには、私の精神のような心的なものと、私の身体のような物的なものがあった。しかし実は、数学の世界にも、不可分割者がある。それは、「無限小」という概念で表わされるものである。ゼロではないが有限でもない「無限小」という概念で表わされるもの、なのである。一例をあげる（図）。

$$y = x^2$$

という放物線がある。その上にＰ（x, y）という点をとる。その少しさきにＱという点をとる。Ｑの座標を（x＋Δx, y＋Δy）と表す。すると割線ＰＱの傾きは、

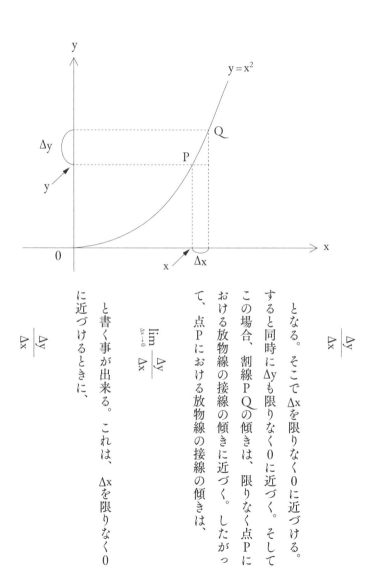

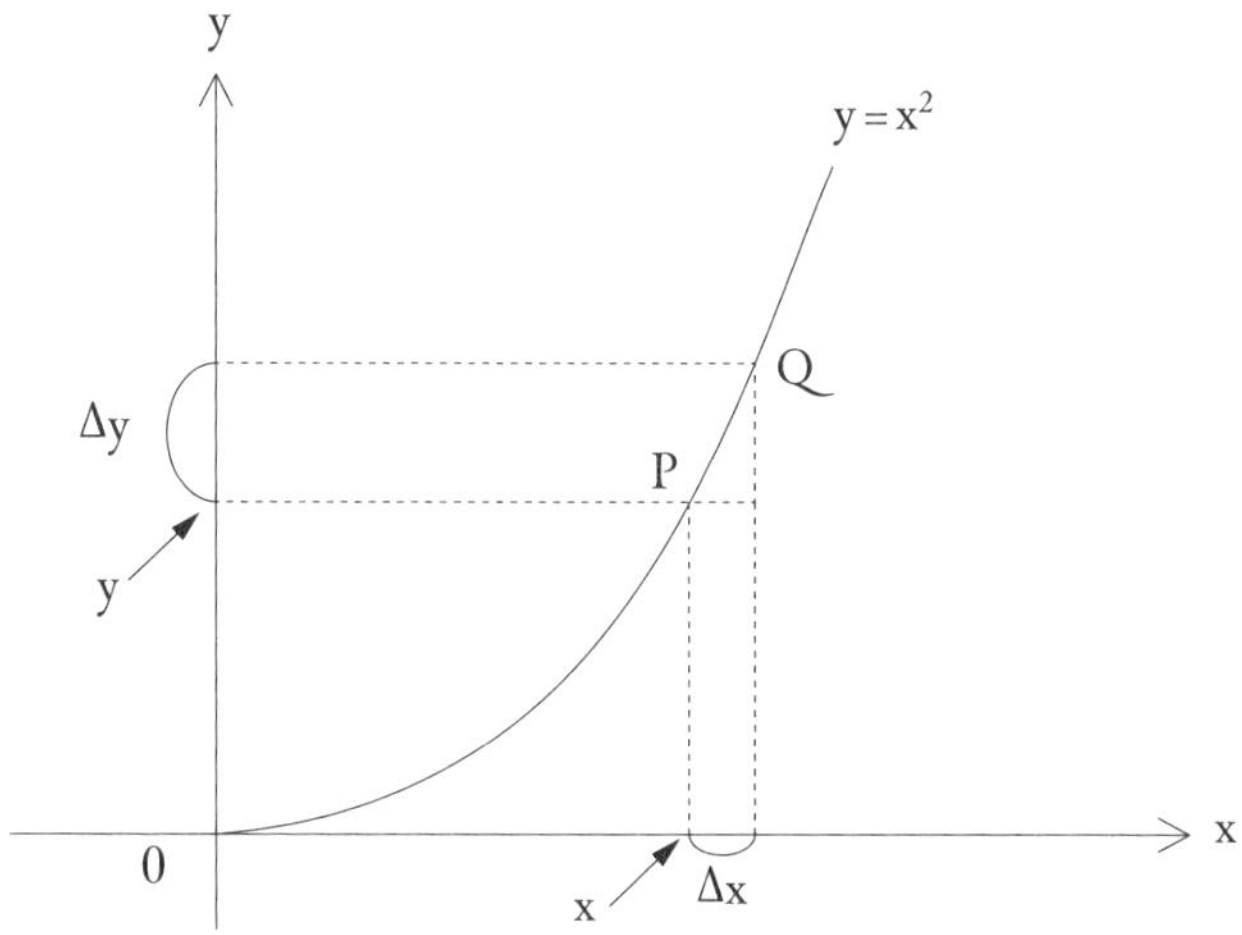

$$\frac{\Delta y}{\Delta x}$$

となる。そこでΔxを限りなく0に近づける。すると同時にΔyも限りなく0に近づく。そしてこの場合、割線PQの傾きは、限りなく点Pにおける放物線の接線の傾きに近づく。したがって、点Pにおける放物線の接線の傾きは、

$$\lim_{\Delta x \to 0} \frac{\Delta y}{\Delta x}$$

と書く事が出来る。これは、Δxを限りなく0に近づけるときに、

$$\frac{\Delta y}{\Delta x}$$

が限りなく近づいてゆく目標値を表している。このことを具体的に書くと、こうなる。

$$\lim_{\Delta x \to 0} \frac{\Delta y}{\Delta x} = \lim_{\Delta x \to 0} \frac{(x+\Delta x)^2 - x^2}{\Delta x}$$

$$= \lim_{\Delta x \to 0} \frac{x^2 + 2x\Delta x + (\Delta x)^2 - x^2}{\Delta x}$$

$$= \lim_{\Delta x \to 0} (2x + \Delta x)$$

$$= 2x$$

Δxを限りなく0に近づけるとき、(2x+Δx) は限りなく2xに近づいてゆくからである。この場合の (2x+Δx) の目標値は2xであるからである。そして、もしもここでx=1とすれば、P (1, 1) における接線の傾きは2である、という事がわかる。

このように、

$$\frac{\Delta y}{\Delta x}$$

は、ある目標値に限りなく近づいてゆく。その目標値を一般に、

$$\frac{dy}{dx}$$

と書いて、上から「ディーワイ・ディーエックス」と読む。今の場合は、

$$y = x^2$$

であるから、

$$\frac{dy}{dx}$$

は、

$$\frac{dx^2}{dx}$$

となり、その値は2xなのである。ここに現れたdxとかdyは、一般的に言って、ゼロではないが有限でもない無限に小さい数（無限小）を表している。それらは、ゼロではないが、いかなる数よりも小さい数なのである。これは丁度、無限大（∞）が、いかなる数よりも大きい数を表しているのと、対極である。無限大が一定の数ではないように、無限小も一定の数ではない。無限大が、いかなる数をも越えて大きくなってゆく生き物を思わせるように、無限小も、いかなる数をも越えて小さくなってゆく生き物を思わせる。そして、そのようなdxやdyを使った計算のシステムが「微分法」に他ならない。

微分法の代表的な使用例が、先にあげた接線の傾きの計算であるが、もう一つの代表例が、運動物体の瞬間速度の計算である。先の例を用いれば、xを出発からの経過時間、yを出発点からの通過距離とすれば、

$$y = x^2$$

という方程式で表わされる運動をする物体の、各時点での瞬間速度は、

$$\frac{dy}{dx}=\frac{dx^2}{dx}$$

であるから、2xなのである。そして、出発から時間1だけたった時の、その物体の瞬間速度は2なのである。(単位は適宜とって。)このような微分法は、ニュートンとライプニッツによって、それぞれ独立に発見された。

さて、このような、生き物のような無限小dxやdyも、不可分割者ではないであろうか。例えば、dxを真中で二つに分割しようとすれば、dxは、あっという間にその刃先をかいくぐって、半分以下の小ささになってしまうであろう。

もっとも無限小には、初めから「半分」という概念が当てはまらない。無限小の半分も同じ無限小なのであって、したがって、たとえ無限小を半分に切っても、切ったことにならないのである。そしてその意味でも無限小は、不可分割者なのである。

このような、数学的概念としての無限小は、単子ではない。宇宙を構成している実体ではないのであるから。しかし、宇宙を構成している実体としての無限小なるものがあると

すれば、それは単子である、と言えるであろう。それが具体的に何であるかは、我々人間には不明であるが。

ここで一言注意しておきたい。dxやdyにはlim（リミット、limit、極限）という概念が内在している。そして更に、dxにはdyという相棒が、dyにはdxという相棒が、内在している。無限小としてdxだけ、dyだけを考えても、意味がない。それでは、ただ無限に小さくなるだけであって、だからどうした、という事になる。dxを無限に小さくすれば、それに伴ってdyも無限に小さくなるが、しかし両者の比$\frac{dy}{dx}$は、有限な一定の値に限りなく近づいてゆく。そこにはじめて、dxとかdyとかを考える意味があるのである。

7

単子には、心的なものと物的なものがある。具体的には、私の精神と私の身体である。では、この両者の関係はどうなっているのか。いわゆる「心身問題」である。

デカルト（一五九六－一六五〇）は、この両者の関係は松果腺という器官を通して行われる（松果腺説）、と言い、その弟子筋のマルブランシュ（一六三八－一七一五）は、神が機会に応じてその都度介入する（機会原因説）、と考えた。これらに対してライプニッツ（一六四六―一七一六）は、精神と身体は全く独立しており、それぞれ独自の法則に従って展開している、という「併起説」を唱えた。これは、イメージとしては、心の世界と物の世界は、宇宙創造の初めにおいて、独立に、同時並行的に立ち上がった、というものである。しかし、それにもかかわらず、精神の現象と身体の現象は完全に対応しており、それは、神による予定調和のおかげなのである。(4)

私の身体には、確かに松果腺という器官があり、何らかの働きをしているが、それが私の精神と身体の関係を取り持っているとは、到底考えられない。エネルギー保存の法則からも明らかなように、物の世界は物の世界だけで閉じており、完結しているのであって、したがって、身体の器官は身体にしか働けないのではないか。また、精神と身体の間に神が介入するという事も、考えられない。例えば身体は、身体の生理学的法則に従って動いているのに、そこに神は如何にして介入出来るのであろうか。この場合、私の身体は、生理学的法則に従うのをやめて、神の作用に従うのであろうか。これは、全く考えられない事である。もしもそうだったとすれば、それは一種の奇跡であろうが、いくら神でも、そんな奇跡の乱発は不可能であろう。それでは、奇跡が奇跡でなくなってしまう。(5)かくして結局、デカルトの「松果腺説」もマルブランシュの「機会原因説」も否定される。

では、ライプニッツの「併起説」はどうであろうか。これは、一見荒唐無稽に思われるが、よく考えてみると、今日の我々にとっても、結構理にかなっている。全知全能な不動の動者――神――の存在だけを仮定すれば、併起説は論理的必然のようにも思われる。話の筋は、以下のようになる。

先ず第一に、厳然たる事実として、私には精神と身体がある。私の精神は精神の世界に属し、私の身体は物体の世界に属している。精神の世界は精神の世界の法則に従っており、物体の世界は物体の世界の法則に従っている。精神にしろ物体にしろ、ものの事象――例えば、ものが動く、という事――は、一瞬前の事象の結果であり、一瞬後の事象の原因である。これらの間の関係を表しているのが、その事象の「基本法則」と言われるものである。それは、「一瞬前カクカクであったから、今シカジカである」というわけである。あるいは、「今カクカクであるから、一瞬後はシカジカであろう」というわけである。したがって、現在の事象には、その原因として一瞬前の事象があり、その一瞬前の事象には、その原因として、更に一瞬前の事象があることになる。かくして、ものの事象の原因となる事象を求めてゆくと、限りなく過去の事象へ遡ることになり、これには限りがない。しかし、限りがないのはおかしい。現実の事象に至る系列には、どこかに始まりがあるはずである。始まりがなくては、何事も始まらないのではないか。では、その始まりとは何か。それには、論理的に言って、もはや原因があってはならない。それは、無原因でなくてはならない。アリストテレスはそれを「第一原因」とか「不動の動者」――自身は動かずして他を動かすもの――と言った。そしてこれが、アリストテレスの神であり、ライプニッツの神でもあった。そして我々も、これを「神」と言うことにする。かくして我々は、論理的に、精神の世界の不動の動者たる神と、物体の世界の不動の動者たる神を、想定せざるを得なくなる。そして勿論、これらの神は同一である、(6)と言わざるを得ない。

では神は、どのようにこの宇宙をスタートさせたのか。今日の言葉で言えば、どのようにして(一三七億年前に?)ビッグバンを起こしたのか。

神は先ず原初の宇宙を、或る一定の初期条件のもとで、一撃をもってスタートさせた。しかし、如何に全能な神といえども、法則に逆らうことは出来ない。確かに神には、法則を作る自由はあるかもしれない。例えば現実には光の速度は、3×10^{10}cm/sec であるが、これを、1×10^{10}cm/sec にすることは出来たかもしれない。しかし、如何に全能な神といえども、或る法則が一度設定されてしまえば、もはやその法則に逆らう事は出来ない。そして神は、その法則に従って、未来を予測するのである。法則なしには、神といえども、未来を予測する事は不可能なのである。

　では、法則に従って、即ち、法則を用いて、未来を予測するとは如何なる事か。この場合に用いられるのは、基本法則と言われるものであるが、それは、先に述べたように、「今カクカクであるから、一瞬後はシカジカである」という事を述べているものである。そして、この予測を無限に繰り返してゆけば、或る有限の時間後の状態を予測する事が出来るのである。「一瞬後」とは、ゼロではない無限小の時間後のことであり、さきの微分法の表記法に従えば、「dx」――あるいは、今は無限小の時間であるから「dt」――と書かれるものであって、そのような一瞬後の状態の予測を無限に繰り返してゆけば、或る有限時間後の状態が予測出来るわけである。そしてその計算法が、「積分法」と言われるものであって、これもまた、ニュートンとライプニッツによって独立に発見された。この積分法の発見によって、先の微分法の適用範囲が一挙に拡大された。

　しかし、積分法は法則ではない。それは数理であり、その本質は論理である。そして神は、法則のみならず、なお一層のこと、論理にも逆らう事が出来ないのである。法則は、論理の上に成り立っているのであるから、である。(7)

(4)ライプニッツはこう言っている――精神は精神自身の法則を持ち、身体は身体自身の法則を持っている。しかも精神と身体とが一致するのは、あらゆる実体の間に存する予定調和によるためであり、それはまた、実体が元来ことごとく同一宇宙の表現だからである（『単子論』第七八章）。この仮説［（「予定調和」の説）］によると、物体は物体であたかも精神というものが無いかのように（これは不可能な仮説であろうが）作用し、精神は精神で物体というものが無いかのように作用し、しかも両方とも互いに作用を及ぼし合うかのように、作用する（『単子論』第八一章）。

(5)ライプニッツはこう言っている――神の意志もしくは行いは、通常なものと異常なもの（奇跡）とに分けるのが普通である。しかし、神は秩序（法則）を外れるような事は一つもしない、と考えるべきである。だから、異常だと言われているものは、ただ神の造った物の間における或る特殊な秩序から考えて異常だ、というに過ぎない。普遍的秩序には、全てのものが適っているからである。これは、極めて真実であって、ただにこの世界において絶対に不規則なものが起こらないばかりでなく、誰も、絶対に不規則なものを虚構することさえ、出来ないくらいである。例えば、今誰かが紙の上に多くの点を打つとする。土を地上に撒き散らして、その像で占う馬鹿げた術があるが、あれを行う人のように、出鱈目に点を打つとする。それでも私は、「一定の法則にしたがって恒常一様な概念を有し、このすべての点を、しかも手でそれを打った順序に通るような幾何学的な線を見出し得る」と言うのである。もし誰か筆を離さず続け様に、直線になったり、円になったり、他の性質を持つ線になったりするような線を引いたとしても、この線のすべての点に共通な概念、法則、または方程式を見出し、それによって、これと同じ変化が起こらなければならない事を理解することが出来る。また例えば、人間の顔にも、その輪郭が幾何学的な線に適っていないで、一定の規則的運動によって一遍に引くことの出来ないような顔はない。しかし、規則が非常に複雑になると、それに適うものは、かえって不規則だと言われる。それであるから、「神がこの世界をどんなに造ったとしても、世界は常に規則的であって、一定の普遍的秩序に従っている」と言う事が出来る（『叙説』第六章）。

注　ここに我々は、ライプニッツが如何に全ての事を理性的に考え抜いていたか、という事を見ることが出来る。この点においては、デカルトは、いまだ道半ばであった。

(6)ライプニッツはこう言っている——神は一つしかない、且つ、この神だけで十分である（『単子論』第三九章）。

注　一神教においては、「神は一つしかない」というのは当然である。そもそもライプニッツの哲学的思索の根底には、カトリックとプロテスタントの和解、更には、プロテスタントの内部での、ルター派とカルヴァン派の和解、という目的があり、彼は終生それに尽力した。ライプニッツ自身はプロテスタントであったが、カトリックに深い理解を示し、彼の友人たちはみな、彼はカトリックに改宗するであろう、と思っていた。しかし彼は、プロテスタントとして、その生涯を終えた。

(7)ライプニッツはこう言っている――或る人のように、「永久真理は、神に依存しているから勝手なもので、神の意志のままになる」などと想像してはならない。デカルトはそう解釈したようである。……けれどもこれは本当には偶然的真理についてしか言われない。偶然的真理の原理は、……[神の]最善なるものの選択ということになっている(『単子論』第四六章)。全て意志は何か「意志の理由」を前提し、この理由はもちろん、意志よりも前にある。私がなお「形而上学や幾何学の永久真理、したがってまた、善、正義および完全の法則は、神の意志の結果に過ぎない」と説く他の哲学者たちの言葉は、全くおかしな言葉だと思うのは、そのためである。これに反して私には、「こういう真理や法則は、神の悟性から出て来るもので、神の悟性は確かに神の本質と同様神の意志に依存しない」と思われる(『叙説』第二章)。

注

「意志の理由」は意志よりも前にある。その意味で、意志には自由はない。「自由意志」なるものは、存在しない。神において、意志は理由のしもべ(僕)なのである。そしてこれは、「十分な理由の原理」の必然的結果である。デカルトの神学が主意主義的であったのに対し、ライプニッツの神学は主知主義的であったのである。彼の神は、微積分法を完全にマスターし、それを自由に使いこなす全く理性的な神であったのだ。

8

ライプニッツの思想を戴して、今日の我々が考えるとすれば、神は先ず原初の宇宙を、或る一定の初期条件のもとで、一挙にスタートさせたのである。この際、或る一群の法則を設定したとしても、一度設定してしまった後では、神といえども、その法則に従わざるを得ない。そしてまた、その法則の使用は、勝手なものではなく、完全に論理的でなくてはならない。即ち、いくら全能な神といえども、法則と論理には、自由はないのである。

では、神の自由はどこにあるのか。それは、初期条件の設定にあると思われる。如何なる初期条件を設定するかは、神の自由ではないのか。神は、法則と論理には完全に手足を縛られているが、初期条件の設定だけには、フリーハンドを持っているのではないか。

では、何を目安に、神は初期条件を設定したのか。[8] それは、最善の世界が生まれるように、である。これが、ライプニッツの「最善観（オプティミズム）」と言われる世界観である。そしてこれは、善にして愛に満ちた神にとっては、至極当然な選択であろう。必然的な選択であろう。したがって、万物万事には、全て理由があることになる。すべては、最善の世界を構成するため、なのである。そしてこれが、ライプニッツの「十分な理由の原理」と言われるものである。したがって、初期条件の設定においても、神にはやはり自由はなかったのである。

それにしても、なぜ神には、最善の世界を生むためには如何なる初期条件を設定すべきかが、分かったのか。それは、神は、どのような初期条件で一撃を与えれば、その後、その宇宙はどのように展開してゆくかを、限りなく遠い未来まで、そして限りなく細部に至るまで、見通せるからである。これこそが、神が全知である事の本質ではないのか。神は宇宙創造の初めにおいて、二十一世紀の今日の私が、如何なる精神と如何なる身体を持って、如何なる状況のもとで生活しているかという事を、その最深の細部に至るまで、見通していたのである。その意味において神は、宇宙創造の初めにおいて、限りなく遠い未来の宇宙まで、一挙に造ってしまったのである。この四次元宇宙全体を、一挙に造ってしまったのである。後は、その四次元宇宙が自ずと展開してゆくのを、静かに見守るだけなのである。「永遠の相の下に」見守るだけなのである。

そうであるとすれば、今日の私は、宇宙創造の初めにおいて、既に、はるか未来の二十世紀から二十一世紀にかけての存在として、その四次元宇宙に存在していたのである。つまり、こういう事である。この私は、観念としては、宇宙創造の初めから神の観念の中にあった。それは、時至り、授精でこの宇宙に現れ、死によって消える。しかし、神の観念の中においては、死後も永遠にあり続ける。或る時期宇宙に現れたものとして、死後も永遠にあり続ける。神の観念は永遠であり、神には忘却がないから。

したがって私は、神においては永遠なのである。しかし、生身を備えたその実人生は、授精から死までであり、高々七十年に過ぎない。百歳まで生きたとしても、そのうちの三十年くらいは眠っているのであるから。死後も、眠っている。神によって創造された私は、神によって消されるのでない限り、永遠に眠り続ける。そして、眠っている限り、私にはこのような生身の身体は必要がない。たとえ、夢を見ているとしても。ましてや、死後の眠りにおいてをや。

(8)ライプニッツはこう言っている――神は、知恵によって最善なものを知り、善意によってこれを選び、勢力によってこれを生ずる(『単子論』第五五章)。

注 今日の我々としては、「勢力によってこれを生ずる」という所に、「ビッグバンの一撃によってエネルギーが与えられ、これによってこの宇宙が生ずる」というイメージを重ねる事が出来る。特殊相対性理論によれば、質量の本質は、したがってまた物質の本質は、エネルギーなのである。したがって、ビッグバンの一撃によって巨大なエネルギーが与えられれば、それによって物質が生じ、物体の運動が生じるのである。そして、エネルギーは保存されるのであるから、かくして創造された宇宙は、新たにエネルギーが供給されなくとも、以後ずっと存在を持続するのである。とはいえライプニッツは、このような、今日我々が持っている「エネルギー」の概念を持っていなかった。そこで彼は、その代わりに、神は「神性（Divinite)」を電光放射（les fulgurations）する、という奇妙な事を考えたのではないか。何故ならライプニッツは、被造物（単子）は、創造された後、それ自体では地力で自己の存在を持続することが出来ず、常に神による再創造を必要とする、と考えていたからである。この再創造を果たすのが、神から放射される神性なのではないか。だが、この放射された神性は一瞬のもので、エネルギーのように保存されはしない。したがって神は、被造物の存在を維持し続けるためには、神性を不断に一瞬一瞬放射し続ける事が必要なのである。それは丁度太陽は、地球上の生命体を維持し続けるためには、光を不断に一瞬一瞬放射し続ける事が必要である、という事に似ている。

ライプニッツは、こう言っている。神だけが原始的な一即ち根源的単純実体であり、全て創造された即ち派生的な単子は、その生産物として、言わば神性の不断な電光放射によって刻々そこから生まれ来るものである（『単子論』第四七章）。

これは神による、単子の存在に関する「不連続の連続創造説」である、と言えよう。これが単子の働きに関するでないところに注意！　単子の働きに関しては、神といえども、一度その単子を創造した後では、如何なる影響も与える事が出来ないのである。

9

存在している、という事は、記述されている、という事である。私が存在している、という事は、私が、として記述されている、という事である。この記述がない限り、私は私として存在する事が出来ない。そのような記述がない場合には、私はたんに、訳のわからない奇妙なX、に過ぎない。したがって、私が存在している、という事は、私について真として言い得る述語を限りなく集めることによって、達成されるのである。即ち、私についての完足的な概念を構成する事によって、達成されるのである。したがって、私が存在している、ということは、私は完足的な概念を有している、という事なのである。即ち、私には、私について真として言い得る全ての述語が「内在」している、という事なのである。したがって、私について真として言い得る全ての命題は、分析的なのである。そしてこの事は、すべての命題について言い得る。即ち、すべての真なる命題は、分析的なのである。この事は、すべての真なる命題を、数学的命題と同列に置くことである。数学化する事である。そしてこの思想は、当然、ライプニッツの初期の「普遍記号法」の理念と繋がっている。

言うまでもなく、すべての命題が分析的であるわけではない。真として確立しているすべての命題が、分析的なのである。一六一〇年にガリレオ・ガリレイは、望遠鏡を木星に向けた。そしてそこに、(四個の)衛星を発見した。「木星には衛星(月)がある。」ガリレイがそう叫んだとき、この命題は、分析的ではない。総合的であった。そう叫んだ時の主語「木星」には、いまだ「衛星がある」という事が含まれてはいなかったから、である。しかし、ガリレイが木星に衛星を発見し、これが、幻ではなく、真として確立した後では、「木星」という主語には、「衛星がある」という述語が、「木星」の意味の一部として「内在」しているのである。したがって、そうなった後では、「木星には衛星がある」という命題は、分析的なのである。このように、真として確立している命題は、すべて分析的なのである。

ついでに一言。我々人間にとっては、ガリレイが木星に衛星を発見するまでは、木星には衛星は存在しなかった。言わば、ガリレイが「木星には衛星が存在する」と言った事によって、木星に衛星が生まれたのである。もちろん神は、宇宙創造の初めから、木星生成の或る段階でそこに衛星が生じる事を、見通していたのである。そしてさらに、それが一六一〇年にガリレイによって発見される事も、見通していたのである。

10

私は精神と身体を有している。私は単子であるが、私の精神も私の身体も、単子である。ところで、私の身体は私の感覚の中にある。私の視覚、触覚のみならず、私の身体感覚（痛みや疲れ、等々）の中にもある。要するに、私の身体は、私の精神の中にあるのである。また、私の身体の外にある外界も、実は、私の精神の中にある。それは、見られ、触れられ、等々して、存在しているのであるから、である。私の身体を含めて、要するに物体は、実はすべて、私の精神の中にあるのである。物的世界は、宇宙創造の初めから、私の精神の中にすべて折り込まれているのであり、それが時とともに、次々と展開されて来ているのである。表出されて来ているのである。私の精神は、自己自身の原理に従って、自発的に宇宙を展開していることになる。この際、外部からの情報は、一切必要ではない。これが有名な「単子には窓が無い」という警句の意味である。[9] 単子は、自発自展で宇宙を表出しているのである。その意味で、単子は「宇宙の鏡」である、とも言われる。[10]

「単子には窓がない」と言うと、単子は真っ暗な暗室のように思われるかもしれない。しかしそこには、輝かしい宇宙の姿が映し出されているのである。

こう言うと、人はプラトンの有名な「洞窟の比喩」を思い出すかもしれない。しかし、プラトンの場合は、映し出されているものは虚像であるのに対し、ライプニッツの場合は、実像なのである。プラトンの場合は、映し出されるものは実物の単なる影であるのに対し、ライプニッツの場合は、真として内にあるものの表出なのであるから、である。さきに私はこう言った。「要するに物体は、実はすべて、私の精神の中にあるのである。」したがって、物体に実体性を考えるとすれば、それは、私の精神の実体性に負っている、ということになる。したがって、ライプニッツがそう言っているわけではないが、私の精神を「第一次実体」と言えば、物体は「第二次実体」ということになる。そうすると、神は「第0次実体」(本源的実体)とでも言うべきか。

(9)ライプニッツはこう言っている——単子には、物が出たり入ったりする事の出来るような、窓が無い(『単子論』第七章)。自然的には、何物も外から我々の「精神」(単子)の中に入って来ない。あたかも、我々の精神が外から来る使者のような形象を迎え入れるとか、我々の精神に戸口や窓があるとかいうように考えるのは、我々の持っている悪い習慣である(『叙説』第二六章)。

(10)ライプニッツはこう言っている——単純な実体(単子)は、それぞれ、他の全ての実体(単子)に対して、それらを表出する関係を持ち、したがって、宇宙の永久な生きた鏡となっている

（『単子論』第五六章）。すべての実体（単子）は一つのまとまった世界のようなものであり、神の鏡もしくは全宇宙の鏡のようなものである。実体（単子）は、全宇宙を各々自分の流儀に従って表出する。言ってみれば、同一の都市が、これを眺める人の様々な位置に従って、色々に表現されるようなものである。であるから、宇宙は言わば、実体（単子）が存在するだけの数を以って倍される事になり、神の栄光も同様に、神の業に関する互いに異なった表現と同じだけの数を以って倍される事になる（『叙説』第九章）。

注 ライプニッツは、「表出する」(exprimer)と「表現する」(representer)を、区別しないで用いている。しかし彼においては、それらは、本質的に内在するものを表に出す事であるから、「表出する」の方が適切である。

11

単子は、それがたどるべき全歴史が既に決定しており、したがって神は、それがたどるべき全歴史を、一挙に見通しているのである。したがって神は、それがたどるべき全歴史を、一挙に語っているのである。内的に語っているのである。「内的」に語ることなしには「見る」ことも不可能であるから。したがって神は、当該の単子に、言わば、それがたどるべき全歴史を、書き込んでしまっているのである。単子には、その全生涯がすでに

「内在」しているのである。[11] そして、時とともに、その書き込まれたもの――言語的に「内在」しているもの――が、順次表出されてくるのである。これは、ライプニッツの「単子論」は、「内在」の形而上学――もっと正確に言えば「言語的内在」の形而上学――であって、絶対的決定論であり、絶対的運命論である、という事を物語っている。ここにおいては、自由を言うことは、全く無意味である。大切な事は、自分自身を真剣に生きることである。自分自身の必然性を生き切ることである。「自由」と言えば、それこそが、真の意味での「自由」であろう。

　単子論によれば、私の人生は、長く続く一本の道である。そして私がその一本の道をほんのちょっとでも踏み外せば、即座に、私は私ではなくなってしまう。そして勿論、現実には、そんな事はあり得ない。現実のこの私の人生は、ただここにある――ただここにいやおうなしに存在する――のである。存在の最も根源的な意味において、存在するのである。私はその存在を「絶対有」と言う事にする。存在しない、という事が、絶対的な意味において、考えられないからである。私が存在しない限り、そもそも、こんな議論は出来ないのではないか。その意味で、私は論理的に存在するのである。

　しかしこの絶対有は、完足的概念に支えられた有であり、それは同時に「絶対無」ではないのか。縁起的存在としての、即ち「空」としての、絶対無ではないのか。

単子の有は、完足的概念によって支えられている有である。他によって——宇宙の他の部分によって——記述されて存在している有である。したがって、単子の有は、大乗仏教の言葉を使えば、縁起によって存在している有、なのである。即ち、「空」なのである。単子は、実体であるとはいえ、他によらない独立存在としての実体の正反対、なのである。それは、何から何まで他によって存在する、「縁起的存在」である。他という縁によって起きる存在、なのである。我々はここに、ライプニッツの単子論が、図らずも、大乗仏教の縁起論の「空の思想」に通底する事を、見てとる事が出来る。

(11)ライプニッツはこう言っている——各人の個体概念は、いつかその人に起きる事を、一度に合わせて含んでいるから、それを見れば、各々の出来事の真理のアプリオリな証明または理由や、なぜ或る出来事が起こって、別の出来事が起こらなかったのか、という事が分かる。……我々は、個体的実体の概念が、それに起こり得るすべての事を一度に合わせて含んでいるから、その概念をよく見れば、そこにその実体について真に言い得るべき全ての事を見ることが出来る。丁度我々が円の本性の中に、そこから演繹し得る全ての性質を見ることが出来るようなものである。……我々の主張するのは、或る人に起こるべき全ての事は、丁度、円の性質が円の定義の中に含まれているように、その人の本性または概念の中に、既に潜勢的に含まれている、という事である（『叙説』第一三章）。

注

「或る人に起こるべき全ての事は、その人の概念の中に、既に潜勢的に含まれている。」

かく言うとき、或る人、即ちその人とは、the man who... として、その人に起こるべき全ての事が書き込まれている人、のことである。ここにおいて、the man who... が、言わば、その人の定義に他ならない。したがって、当然、そこには、その人がたどるべき全歴史が書き込まれているわけである。

12

ライプニッツの単子論には、その他にも色々な側面がある。まず第一にそれは、ラッセル－ウィトゲンシュタインの「確定記述の理論」の先駆である。単子には、それがたどる全歴史があらかじめ既に決定されており、したがって単子には、それがたどる全歴史があらかじめ既に記述されているのであって、それによって単子は単子であるのであるから、である。

この記述は、無限小の細部にまで及ぶ。これによって単子は、種的存在であることをやめ、この宇宙における唯一の存在になるのである。そして、これによって単子論は、機械論であることをやめ、有機体説になるのである。万物は有機体である、生きている、という事になるのである。

機械論の特質は、思考が有限な細部で止まる、というところにある。[12] 例えば、機械の一部として、歯車をとろう。歯車は、その素材の細部は問題にされない。一定の形、一定の硬さがあり、一定の耐久性があれば、それでよいのである。歯車の素材は、たんに一定の種類であればよいのである。歯車の素材部分は、もはや機械である必要がない。それは単に、例えば、一定種類の真鍮でありさえすればよい。

しかし生物を生物として理解しようとすれば、無限の細部に至るまで、問題にせざるを得ない。ここに、生物――有機体――と人間の造る機械の、根本的な違いがある。そして単子論は、完足的概念を根本に据えている以上、万物を有機体として取り扱わざるを得ない。そしてこれは同時に、単子論は、万物を生きているものとして、更には、心あるものとして、取り扱わざるを得ない、という事を物語っている。

動物は生きている。植物も生きている。バクテリアもウイルスも生きている。細胞も生きている。精子もＤＮＡも生きている。ここまで来ると、原子も生きている、と言わざるを得ない。そして更には、電子も光子も生きている。ニュートリノもクォークも生きている、と言わざるを得ない。どこかに線引きをすることは、全く不自然ではないのか。更にまた翻って、路傍の石ですら、生きている、と言えるのではないか。路傍の石は、叩けば反作用で抵抗し、持ち上げれば重さで抵抗し、持ち上げて手を離せば、一目散に大地に向かって逃げる（落下する）。それは全く、意志を持った生き物のようである。この種の事が、無限小の世界で、無限大に折り重なって起こっているのが、この宇宙なのである。したがって、万物は意志を持って生きている、と言うのに、何の抵抗もない。

以上のようであるとすれば、人体や動物を含めて、万物は機械である、とはとても言えないのではないか。デカルトのように、あえて、万物は機械である、と言いたいならば、万物は、無限小の大きさの無限大量の部品で出来た機械である、と言わねばならない。しかしこれは、「機械」という通常の概念を越えている。「機械」の本来の概念からすれば、それは、有限な大きさの有限量の部品で出来ているもの、なのである。かくしてライプニッツの単子論は、必然的にアニミズムに至るのである。(13)

あえて言えば、ライプニッツの哲学においては、万物は、無限小の大きさの部分の無限大量の集積で出来ているのである。それは丁度、微分を積分して出来たようなものである。このように言うことの出来るライプニッツの哲学は、「微積分の形而上学」であるとも言えるであろう。

彼が微積分を発見したことと、彼が単子論の哲学を展開したこととの間には、深い内的関係があったのである。その底には、彼の、ゼロではないが有限でもない、生き物のような「無限小」という概念の発見があったのである。

注

(12)ライプニッツはこう言っている――生物の有機的な身体は、それぞれ神的な機械もしくは自然的な自動機械とも言うべく、どんな人工的な自動機械よりも、無限に優れている。何故かと言えば、人間の技術で造った機械は、その一々の部分までは機械になっていない。例えば、真鍮で造った歯車の歯の部分もしくは断片は、我々から見ると、もう人工的なものではなく、その歯車の用途から考えても、一向に機械らしいところを示していない。ところが、自然の機械即ち生物の身体は、その最も小さい部分において、これを無限に分割していっても、やはり機械になっている。これが、自然と技術との差異である。言いかえれば、神の技術と我々の技術との差異である(『単子論』第六四章)。

機械論は、Δx、Δyの段階で止まっている。しかしこれは、徹底的に考えるためには、極限にまで推し進めなくてはならない。そうすると、それらは、dx、dyになる。かくして機械論は、有機体説になるのである。そして更には、万物には心がある、という所まで、進まねばならないであろう。これは必然の道である。

(13)ライプニッツはこう言っている――宇宙には、未耕なところ不毛なところ生命のないところは一つも無く、混沌も無ければ混雑も無い。有ると思うのは外観だけである(『単子論』第六九章)。

13

ライプニッツには、「不可弁別者同一の原理」という思想がある。[14] もし不可弁別者(区別出来ない複数のもの)があるとすれば、それらは同一である、というのである。その心は、不可弁別者は存在しない、という事である。万物は相互に「可弁別者」である、というのである。一口で言えば、「万物不同」なのである。この宇宙には、同じものは存在しない、というのである。

二つの葉(AとB)が、空間的な位置以外は、全く同じであるとすれば、AとBを交換しても、この世は全く変わりはしない。したがって、Aが今この木についている理由は、存在しない事になる。Aの代わりにBがついていてもよいのであるから。したがって、全く同じ二つの葉があるという事は、「十分な理由の原理」に反する。したがって、全く同じ二つの葉は存在しない。万物は可弁別なのである。したがって、万物には固有名をつける事が可能なのである。愛情に満ちた神は、万物に固有名をつけて、その行く末を見守っているのではないであろうか。

十四世紀のフランスのスコラ学者ビュリダンは、こう言った。「同質同量の二束の干し草の真ん中に置かれたロバは、双方からの刺激が等しいために、一方を選べず餓死する。」しかし、同量はともかくとして、同質の二束の干し草なるものは、ライプニッツによれば、存在し得ないのである。したがって、ビュリダンのロバは存在し得ないのである。

(14)ライプニッツはこう言っている――各々の単子は、他の各々の単子とは異なっているはずである。実際自然の中において、二つの存在が互いに全く同じようであって、そこに内的差異、即ち、内的規定に基づく差異を認めることが出来ない、という事は決してない(『単子論』第九章)。

二つの実体が全く相似て、ただ数においてだけ異なる、という事は真ではない(『叙説』第九章)。

注

「ただ数においてだけ異なる」とは、種としては同一で、カウントの対象としてのみ異なる、という事である。一つ、二つ、三つ、……という塊があれば、それらは「ただ数においてだけ異なる」という事なのである。

おわりに

私の哲学は、カルナップの論理実証主義から始まった。それは世界を、感覚を基礎として、論理的に構成しようとするものであった。しかしカルナップ自身、間もなく、それは不可能であると覚り、論理経験主義へと移って行った。そして私も、その後を追って、論理経験主義へと移って行った。それは、感覚ではなく、物言語で語られる経験を基礎として、世界を論理的に構成しようとするものである。しかし、感覚からにしろ経験からにしろ、下からの構成は結局は不可能であり、上からの仮説演繹法を前提にせざるを得なくなった。そして私は、そこに疑問を感じていた。理論命題と観察命題の関係が明らかでないのである。カルナップの流れをくむヘンペルは、橋渡し原理なるものを持ち出してこの問題を解決しようとしたが、これは如何にも形式的であり、事の真相を捉えているとはとても思えない。この問題を解決したのが、ふるくはデュエムであり、その後はハンソンであった。そのハンソンは、トゥールミン、クーン、ファイヤアーベントなどとともに、当時ニューウェーヴと言われた新しい科学哲学を展開していた。「概念の意味の理論依存性」(トゥールミン)、「観察の理論負荷性」(ハンソン)、「ルールに対するパラダイムの優先」「理論間の共役不可能性」「科学革命」(クーン)、「反帰納法」「反方法」(ファイヤアーベント)などといった事を主張する彼らの主張は、実に新鮮であった。そこには、全く新しい世界が開かれていた。ところが、彼らの主張には、ウィトゲンシュタインが数多く引用されていた。そこで私は、以前にもまして、ウィトゲンシュタインを熱心に読むようになった。しかし彼の哲学は難解であった。特に彼の後期の哲学は、とらえどころがなかった。そんなおり、クリプキの後期ウィトゲンシュタイン解釈に関する論文(後に、*Wittgenstein on Rules and Private Language*, Basil Blackwell, 1982として出版、ソール・A・クリプキ著/黒崎宏訳『ウィトゲンシュタインのパラドックス』産業図書、一九八三年として翻訳出版)に出会い、私のウィトゲンシュタイン像が定まった。そこにおいては、数理すらも言語ゲームとして下から理解されていたのである。

私は、一切を「言語ゲーム」として下から考えよう、と決心した。例えば、この私というものは、

という記述によって与えられる存在であり、それ以上でも以下でもない。私という存在は、その意味で、全く言語的存在なのである。私なるものは、この who 以下に続くところの、言わば述語の総体なのである。そして私は、この観点から、大乗仏教の「空」の思想を理解しようと努めてきた。ところが最近、ライプニッツに「完足的概念」という思想がある事を知った。そしてこれは全く、私の求めていたものであった。そこで私は、それを展開した彼の『形而上学叙説』とその上に展開された彼の『単子論』を繰り返し読んで、ライプニッツの思想を、私なりに消化し再構成してみた。それが、この小論である。とはいえそれは、断想の域を出ていない。

ライプニッツの思想は、壮大な形而上学体系であり神学体系であるにも関わらず、ほとんどが、それぞれの機に応じそれぞれの相手に応じて、断片的にしか語られなかった。そこで語られたものは、劇作家が特定の役者を念頭に置いて書いた作品のような、言わば「当て書き」なのである（『単子論』の念頭には、ライプニッツの熱烈なファンであったニコラ・レモンが、『叙説』の念頭には、当時高名であったフランスの哲学者アントワヌ・アルノーがいた）。そういうこともあって彼の作品には、どうも素直でないところがある（『単子論』では、『叙説』であれほど中心的な役割を演じていた主語述語の関係が、影を潜めている）。整合的ではない、と思われるところもある（例えば、神の単子に対する関係など）。なにせ彼自身が自分の思想を、「多くの著しい逆説」（『叙説』第九章）と言っているくらいであるから。

最後に一言。以上見てきたように、ライプニッツの壮大な形而上学（神学）体系は、「全知全能にして愛に満ちた神の存在」を唯一の公理として、そこから論理的に演繹されてくる思想体系である、と思われる。問題は、その公理（ドグマ）を受け入れるか否か、である。「不動の動者」としての神を認めることは、それほど困難ではない。しかしそれが、全知全能はともかくとして、愛に満ちているとすること、即ち、そのような人格神であるとする事には、抵抗がある。十七世紀のヨーロッパの精神風土においては、それは当然なことであったのであろう。しかし、なぜ不動の動者が、悪神でなく善神でなくてはならないのか。これは、ライプニッツ哲学の内部では解決できない外なる問題として、我々に残される。

ライプニッツの専門家ではない私の、この或る意味自由な小論が、ライプニッツに関する一つの試論として検討に値する事を願う。

2 補説――ライプニッツ著『弁神論――神の善意、人間の自由、悪の起源』による

私は、「ライプニッツ試論」を書き終えた後で、彼が『単子論』を書く機縁となった彼の大著『弁神論（テオディィセー）』（佐々木能章訳、工作舎、上巻・一九九〇年、下巻・一九九一年）を読んだ。実は『単子論』は、『弁神論』への注記の意味があるのである。注記を先に読むのは本末転倒ではあるが、なにせ『単子論』こそがライプニッツの主著である、と思われているので、自然とそうなったのである。そして結果的には、それでよかったのである。『弁神論』は、当時、宮廷のサロンなどで話題になっていた種々のテーマについての、時間無制限の長大な講演を聞いているようで、それ自体としては面白いが、ライプニッツ思想の核心は、結局は、『叙説』と『単子論』に集約されているのである。以下は、そのような『弁神論』を読んでの、『ライプニッツ試論』への若干の補足である。

1

私はこう言った――我々はここに、ライプニッツの単子論が、図らずも、大乗仏教の縁起論の「空の思想」に通底する事を、見てとる事が出来る（前節、第11項）。

これに対しライプニッツは、こう言っている――フォー（ブッダのこと）は、四十年間自らの宗教を述べ伝えた後に、死期が近づいたと悟ると弟子たちに、自分は陰喩のヴェールの下に真理を隠していた、そしてすべては、万物の第一原理として語ってきた無へと還元されるのだ、と宣言した。これは、アヴェロエス派の見解より一層悪いように思われる。どちらの学説も支持できないし、荒唐無稽ですらあるのだ……（『弁神論』緒論第一〇章）。

ライプニッツが大乗仏教、例えば『華厳経』、更には、その中国における受容である華厳宗の諸テキストに少しでも接していれば、彼の哲学はかなり変わっていたかもしれない。彼には、イエズス会の神父を介しての中国との接点があったのである。

『単子論』と大乗仏教の類似点を一つ挙げておこう。ライプニッツはこう言っている――すべての実体（単子）は、一つのまとまった世界のようなものであり、神の鏡もしくは全宇宙の鏡のようなものである（前節、第10項）。

単子（実体）は全宇宙の鏡のようなものである、という事の心は、単子は全宇宙を自己の内に映している、という事である。これに対し大乗仏教では、例えば、華厳宗の第三祖である法蔵が著した『華厳五教章』では、「一塵に全宇宙が宿る」ということになる（詳しくは、竹村牧男著『華厳とは何か』春秋社、二〇〇四年、二三八頁を参照）。この両者の対応は、たまたまの偶然な相応ではなく、根本的な構造的な相似である、と思う。念のため、「一塵に全宇宙が宿る」ということが決して荒唐無稽ではないことを、以下において、私なりに示しておく。

一例をあげる。食卓の上に塵がある。食事をするので、それを拭いた。さて、その塵であるが、それは、遠く中国大陸で、上昇気流によって舞い上がり、偏西風に乗って飛んできたものである。そしてその上昇気流も偏西風も、地球規模のメカニズムで発生しているのであり、そのエネルギー源は太陽の熱である。その太陽は、我らが銀河系の一隅にあり、その銀河系は、他の多くの銀河系の一つにすぎない。かくして、話は全宇宙に及ぶ。食卓上の一つの塵を理解しようとすれば、話は全宇宙に及ぶのである。食卓上の一つの塵の背後には全宇宙が控えているのである。食卓上の一つの塵には、意味上、全宇宙が含まれているのである。「一塵に全宇宙が宿る」のである。「意味上宿る」のである。

このことは、また、こうも理解できる。食卓の上に塵がある。今その塵をじっと見つめ、それ以外のものを全て消し去る。この食卓もこの部屋も、そして結局、この地球もこの宇宙も、じっと見つめているこの意識を唯一の例外として、私の身体をふくめて、全て消し去るのである。そうすると、そこに残ったその一塵は、「塵」という意味を失って、意味のわからない奇妙なXになってしまっているのではないか。したがって、一塵が一塵であるためには、その背後に、食卓から宇宙まで広がる背景がなくてはならないのである。一塵の中には、食卓から宇宙まで広がる広大な空間が、意味上、含まれているのである。「一塵に全宇宙が宿る」と言われるゆえんである。

私はよく子供のころ、学校で黒板の字を見ているとき、突如としてそれが無意味な模様に化けてしまう、という事を経験した。同じような経験をお持ちの方は、それを思い出していただくと、今の話はよく理解していただけると思う。

2

私はこう言った――「意志の理由」は意志よりも前にある。その意味で、意志には自由はない。「自由意志」なるものは、存在しない。神において、意志は理由のしもべ（僕）

なのである。そしてこれは、「十分な理由の原理」の必然的結果である（前節、第8項）。

これに対してライプニッツは、こう言っている——意志が行動へと移行するのは、善の表象によってのみである。この善の表象は、それに反する表象よりも勝っている。神や善天使や極めて幸福なる魂について、人々は一致してこの見解を認めている。しかもそれらが依然として自由であることも、人々は認めている。神は、最善を選ばないわけにはいかないが、そうすることを強制されているのではない。神の選択の対象には、いささかも必然性は含まれていない。というのも、別の一連の事象も「現実の事象と」同じく可能だからである。このためにこそ、選択は自由で、必然性から独立したものとなるのである。なぜなら、選択は幾つかの可能的なものの間でなされるのであり、しかも意志は、対象が有する善さによってのみ、決定されるからである（『弁神論』本論第四五章）。

ライプニッツの言う事も、それなりに理解できる。しかし、「最善観」を前提にする限り、「意志は、対象が有する善さによってのみ、決定される」以外にはありえない。ここにおいては、「選択の幅」を言う事は出来ても、「選択の自由」を言うことは空虚である、と思う。ここで「選択の自由」を言う事などに執着するいわれはないのではないか。

もし「選択の自由」を言いたければ、神においてではなく、われわれ人間においてであろう。選択を迫られる分かれ道に立ったとき、神は全てを見通しているのであるから、迷わずその一方の道を選ぶ。否、実は、神はすでに宇宙創造の初めにおいて、その一方の道を選んでいたのである。神には迷いはない。したがって、ここにおいて「選択の自由」を言うことは空虚である。しかしわれわれ人間においては、不完全にしか見通しが利かないので、自己の責任において、その一方を選ぶよりほかに道はない。選択を迫られる分かれ道に立った時、われわれ人間は迷い、しばし立ち止まって、主体的判断でその一方を選ぶのである。その意味でここには、仕方なしでの、消極的な意味での「選択の自由」はあるとは言える。しかしそれは、不十分な理由による、一種の賭けである。そして例えばその結果、図らずも他人に不幸をもたらしたとすれば、それに対して私は、それ相応の責めを負わねばならない事になる。ここに神の出番はない。神は私を、そうなることを承知の上で、初めから不完全に造ったのであり、そうなったとしても、その上更にどうする事もしてくれない。神は、私を一度造ってしまえば、あとはそれを静かに見守るだけなのである。それではあまりに救いのない話ではないか、と思われよう。そう言われれば、その通りである。しかし、不完全な被造物として造られたとしても、私は最善なる宇宙の一員なのであり、私の不完全性は、宇宙が全体そして最善となるために必要な不完全性なのである。

そうだとすれば私は、自己の不完全性をそのまま受け入れねばならない。そしてこの覚悟が、神を受け入れる事に他ならないのではないか。

3

弁神論とは、文字通りには、神を弁護する議論、ということである。では、神の何を弁護するのか。神は、最善の世界としてこの世を創造した、と言われる。それでは、何故この世に、こんなに悪がはびこっているのか。それは、神の力不足のせいではないのか。もしも神が真に全知全能であるとすれば、悪の無い理想的な世界を造る事が出来たのではないか。神は実は全知全能ではなかったのではないのか。

このような批判に対しては、私は、こう言って神を弁護すればよいと思う。そしてそれは、ライプニッツの真意に沿ったものである、と思う。

神は絶対者である。対を絶している者である。したがって神は、絶対者を創造する事が出来ない。もしも神が絶対者を創造するとすれば、その神は、もはや絶対者ではありえず、神としての存在を失うからである。したがって神が創造するもの——被造物——は、論理的に相対者であることになる。有限者であることになる。それは、いくら善意を持っていても有限者であり、図らずも悪を犯すことがあり得る。悪を犯さないとしても、それはたまたま偶然の幸運な事であり、論理的には、悪を犯す可能性を排除出来ない。そしてこれが、いわゆる「悪の起源」についての論理的説明ではないのか。

ライプニッツは、こう言っている。［被造物の］働きの不完全性や欠陥は本源的な制限から生ずる。この制限は、被造物が存在を開始した当初から、その被造物を制限する観念的理由のために受け入れざるを得ぬものである。なぜなら神は、被造物にすべてを与えるわけにはいかないからである。もしすべてを与えたら別の神を仕立て上げることになってしまう。したがって、事物の完全性にはさまざまな程度があり、あらゆる種類の制限もなければならないのである（『弁神論』本論第三一章）。

神がこの宇宙を創造したとき、勿論その宇宙は、全体として最善であった。そして今も全体としては最善である。しかしその構成要素である個々の実体は、相対者であり有限者であって、最善なものとは言われない。そしてそこに、善の欠如としての悪が起こり得るのである。したがってこの宇宙は、必然的に悪を含みながら、最善なのである。

ライプニッツは、こう言っている。人間は、間違いをするに応じて、自らが悪なる者だと感ずる。しかし神は、これらの小さな世界（人間）の欠陥のすべてを、驚くべき仕方で神の大世界の最大の装飾に転じてしまう。これは言わば、歪画法の発明である。歪画法においては、いくら美しい構図でも、それが正しい視点に関連づけられ、一定のガラス板や鏡によって見るのでないならば、混乱でしかない。それが部屋の飾りになるのは、然るべきと所に置かれ、然るべく取り扱われたときだけである。こうして、我々の小さな世界においては一見歪んでいるものも、それは、大なる世界の美の中に再統合され、無限に完全な宇宙の原理の統一性に何ら背馳することはない。むしろ反対に、悪をより大なる善に役立たせる神の知恵に対して、一層大きな讃嘆をもたらすことになる（『弁神論』本論第一四七章）。

結局、こうである。神は絶対者であるからこそ、相対者しか造れない。ここに神の限界がある。そしてこれが、悪の起源となる。しかしこの悪は、神の造りし最善なる大世界における、最大の装飾なのである。

注　卓上に一枚の紙がある。そこに或る歪んだ顔の絵が描かれている。しかし、その紙の或る特定の場所に或る特定の円筒の鏡を置いて、或る特定の位置からその鏡を通して件の絵を見ると、そこに或る美人の顔が浮かび上がる。この場合の、その或る歪んだ顔を或る美人の顔に変換する仕方が、ライプニッツがここで言う「歪画法」であろう。

4

私はこう言った――「ライプニッツはこう言っている――神は、知恵によって最善なものを知り、善意によってこれを選び、勢力によってこれを生ずる」(『単子論』第五五章)(前節、第8項)。これに対応する『弁神論』の文章として、以下のようなものがある。

> 可能なるものが有する無限性は、それがどれほど大きなものであっても、神の知恵の無限性には及ばない。神は可能なものをすべて知っているからである。……神の知恵は、すべての可能的なものを包含しそれを精査し、比較し、相互に考量して、完全性もしくは不完全性の程度、強弱、善悪を見積もるが、それだけでは満足しない。それは有限なる結びつきを上回り、無限の結びつきを無限に作る。つまり、各々が無数の被造物を含むような宇宙の可能的系列を無数に作るのである。こうすることによって神の知恵は、それまで個々別々に検討していた可能的なものを、無限の宇宙体系の内に分配し、それぞれを比較する。これらをすべて比較し反省したところからの結果が、すべての可能な体系の中で最善なものの選択となり、こうして神の知恵は自らの善意を余すところなく満足させる。以上がまさしく、現実的宇宙を作る計画なのである。彼の知恵のこうした働きのすべては、

そこには働き相互の秩序と本性上の先行性はあるが、常に一緒に生じているのであり、時間的な先行性はそこにはない（『弁神論』本論第二二五章。傍点は引用者による）。

ここで大切なことは、「時間的な先行性はそこにはない」という事である。神は先ず、無限に多くの時空的に無限な可能世界を想い描き、それらを比較考量して、それらの中で最善なものを選ぶのであるが、彼はそれを無時間の中で行っているのである。可能世界を想い描かねば比較考量できず、比較考量しなければ、最善なものを選ぶことは出来ない。しかしこの順序は、論理的順序であって、時間的順序ではない。そもそも、宇宙が創造される以前は、時間も空間も存在しないのである。

5

以下は、宇宙を創造する神についての、ライプニッツの興味深いコメントである。これをもって、この「補説」を終えることにする。

神は諸事物の第一の理由である。なぜなら、われわれが見たり経験したりするような制限されたものは、偶然的であって、「それらが或る意味」必然的な存在「である事」

を説明するものを自らの内に有していないからである。……偶然的事物の総体的集まりである世界の存在の理由を求めねばならない。そしてその理由は、自分自身が存在する理由を自ら携えているような実体、それゆえ必然的にして永遠である実体〔(神)〕の内に求めねばならない。また、このような原因〔(実体＝神)〕は叡智的でもなければならない。なぜなら、現に存在しているこの世界は偶然的なものであり、他の無数の世界もこの世界と同じように可能でそれと同じようにいわば存在へと向かっているのだから、無数の世界から一つを決定するためには、この世界の原因〔(実体＝神)〕はすべての可能世界を考慮しそれらと関連づけられていたのでなければならないからである。現に存在する実体〔(この世界)〕をこのように単なる可能性へと関連づけることができるのは、可能性についての観念を有する知性をおいて他にはない。しかも、無限の可能的なものから一つだけを決定するのは、選択する意志の働きにほかならない。そしてその意志を実効的意志にするのが、かの実体〔(神)〕の力能なのである。力能は有へと向かう。知恵や知性は真へ向かう。そして意志は善へ向かう。このような叡智的原因〔(実体＝神)〕はすべてのあり方を具えた無限なるものであり、力能と知恵と善意において完全であるはずである。なぜならこの原因〔(実体＝神)〕

は可能なものなら何にでも向かうからである。すべては結び付いているのだから、一、つより多く原因［(実体＝神)］を認める必要はない。その知性は本質の源泉であり、その意志は存在の根源である。以上が、神の唯一性とその完全性、ならびに神による事物の根源のあり方について極く簡潔にまとめた証明である。(『弁神論』本論第七章)

(［ ］は引用者による。)

念のために付言すると、この現実世界は、「可能世界の一つであった」という意味では偶然的であったが、「最善の世界である」という意味では、必然的に選ばれるわけであるから、必然的なのである。

ついでに、思い出を一つ。私は昔、ライプニッツ研究の日本における大先達であった下村寅太郎先生の講義に、モグリで出席した事があった。そのとき先生は、独特の声色で「西欧の哲学はすべてテオディセー(弁神論)である」とおっしゃった。これは、西欧の哲学の本質を鋭く言い当てた言葉として、今も私の耳の底に響いている。

[コラム3] 科学の本質――「内在」(6)

本書をお読みいただいた方は、もしかして、私は大変な〈反‐科学〉者である、と思われるかも知れない。しかし私は、〈反‐科学主義〉者ではあるが、決して〈反‐科学〉者ではない。むしろ、〈親‐科学〉者である。私は科学を最大限に尊重し、信用し、期待している。この点において私は、いかなる科学者にも劣らないつもりである。ただ私は、科学主義的世界観に反対なのである。なんでもかんでも科学で理解し、解決しようとする、その単純な態度に、反対なのである。

では一体そもそも、科学とは何か。その問いに対して、最も明快な回答を与えているのは、若き日のウィトゲンシュタインである。彼は、『論理哲学論考』において、こう言っている。

例えばニュートン力学は、世界記述を単一の形式に持ちきたす。不規則な黒い模様のある白い面を想像しよう。さて、我々はこう言う。その不規則な黒い模様がたとえいかなる像を成そうと、私は、その面をそれ相当に小さい正方形の目の網で覆い、そしてそれぞれの正方形について、それらが白いか黒いかを言う事によって、常にその像を任意の近似で記述する事が出来る。私は、このような仕方で、面の記述を単一の形式に持ちきたすであろう。この形式は任意である。何故なら私は、三角形の或いは六角形の目の網を用いても、同じ結果を得たであろうから。もしかして、三角形の目の網を用いた記述の方が、正方形の目の網を用いた記述よりも、単純になるかもしれない。即ち、我々は、大きな三角形の目の網を用いた記述の方が、小さな正方形の目の網を用いた記述よりも、面をより正確に記述出来るかもしれない。（或いは、その逆かもしれない。）等々。様々な網には、世界記述の様々な体系が対応する。（６・３４１）

私も若き日、この部分を読んで感銘を覚えた。全くそうである、と思った。そしてこの思いは、今もかわらない。

私は、旧制の七年制高等学校に在籍していて、理科甲類という、大学では理学部か工学部に進学する予定のクラスにいて、数学と物理学を中心に学んでいた。そしていつも、物理学は近似である、と教えられた。例えば、数学では、曲線は永遠に漸近線に接することはない

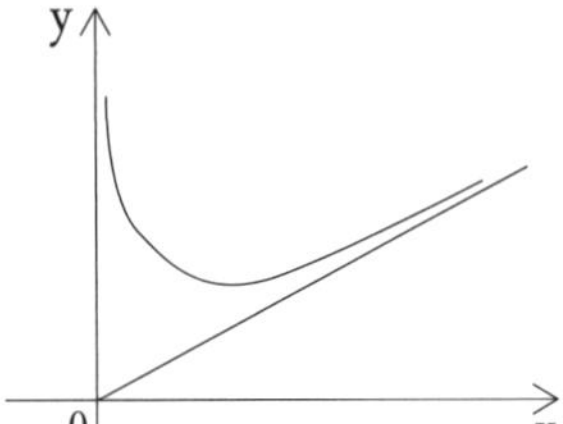

図1

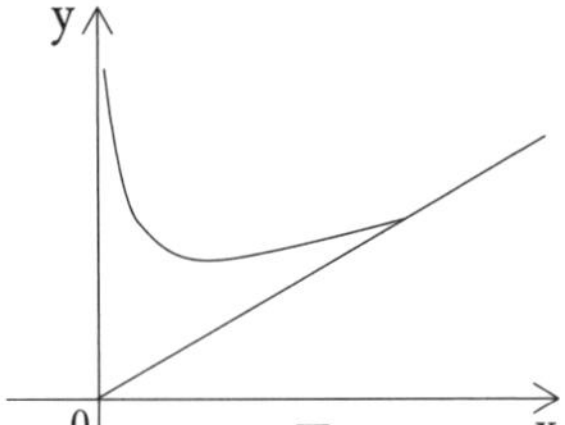

図2

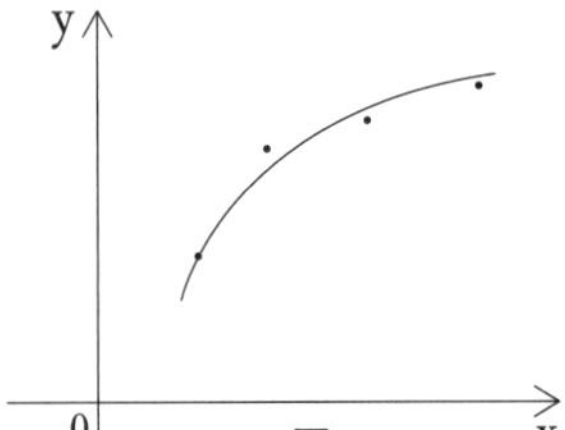

図3

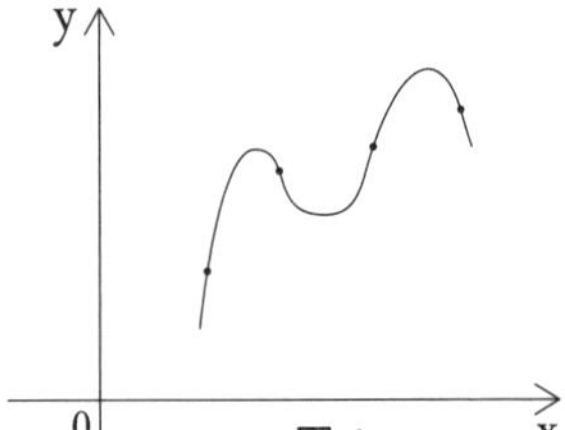

図4

が、物理学で表されているものは、本当は、しばらくすると漸近線に接してしまうのだ、というのである。しかし、そのようなものは、数学的には簡単に表す事ができないので、数学的に簡単に表す事のできる（例えば、$y=ax+1/x$ のように）ところの、漸近線に限りなく接近はするものの決して接することはない線で、近似的に表現するのだ、というわけである（図1と図2を参照）。

　また実験をすると、得られる結果は、多くの場合離散的な点で表される。そこでそれらの点を眺めながら、実はこうなのであろうと想像して、なめらかな線を引く（単に想像するだけではなく、数学的に処理する方法もあるけれども、結果は同じである）。そしてその線を、数学的に表現する。これを「実験式」という。これが多くの場合の、実験というものの手続きである（図3を参照）。しかし、いずれにせよ実験で得られるデータは有限である。したがって、論理的には、線の引き方は無限に可能なのである。例えば、図4のような線を引くことも、論理的には可能なのである。或いは、もっと不自然な、グロテスクな線さえも、論理的には有り得るのである。科学者がそのような線を描かないのは、出来るだけ簡単で、出来るだけ扱いやすい線を選ぼうとするから、に他ならない。したがって科学者の描く線は、科学者の仮説に他ならない。仮にこうであろうと設定するのである。うまくゆけばよし。うまくゆかなければ、変えればよいだけのことなのである。ここにおける科学者の指導原理は、真理の探究ではなく、結果オーライなのである。結果が良ければすべてよし、なのである。その意味でそれは、全くプラグマティックなのである。それは、真理の基準を有用性におくプラグマティズムの精神である。ついでに言えば、複数の理論が対立した場合、科学者は、簡単で扱いやすい理論の方を選ぶ。これも同じ精神である。もっともこれは、非難されるべきことでは全くない。科学の仕事は、真理の探究ではなく、人間に必要な予測をすることであるから、である。

更に言えば科学の対象は、自然科学の場合、自然そのものではなく、モデルである。普通の力学で言えば、その対象は剛体である。剛体とは、いくら力を加えても変形しない、堅い物のことである。しかし実際の物は、力を加えれば、幾らかでも変形する。しかし科学者は、物を、変形することを承知の上で、しかし、変形しないものとして、取り扱うのである。面倒くさいからである。このように科学においては、実際の物を、取り扱いやすいように、理想化して考える。この理想化されたものを「モデル」という。

科学者は、物そのものだけではなく、それが置かれている環境も、理想化して考える。運動物体を扱うのに、空気の無い状態を考えるのは、その一例である。現実には空気があるが、空気があると、空気抵抗を考えねばならなくなるから、である。空気だけではない。地球は自転し、かつ、公転している。したがって、地球上での運動を考えようとすれば、本当は、それらをも計算に入れなくてはならない。それだけではない。地球は丸い。このことを考えに入れるのは当然である。否、地球は本当は洋ナシの形をしている。したがって、本当は、そこまで考慮に入れなくてはならない。また、月の引力はどうか。かくして、厳格に考えれば、きりがない。しかし実際は、当面の目的に合わせて、或る段階まで理想化した状態で考えるのである。

このように科学者は、理想化された対象――モデル――を、理想化された環境で考えている。したがって科学は、現実そのものを、直接対象とするのではない。モデルを通して、間接的に見ているのである。そのことは、微視的科学において一層明らかである。そしてこの事は、量子力学の基本法則には、現実にはあり得ない虚数単位 i ($\sqrt{-1}$) が含まれているという事に、端的に示されている。もちろん、現実を直接見ている科学も、ないではない。しかしそれは、分類学とか生態学といった博物学であって、ニュートン以来の近代科学ではない。そして、ここで言う科学とは、その近代科学なのである。

要するに、こうである。科学者は、現実の対象を、そこに理想化されたモデルを理想化された環境で重ねて、仮説を用いて、近似的に見てゆくのである。そして、予測が当たればよし、外れれば、モデルを変え、環境を変え、仮説を変え、などして、近似度を高めてゆくのである。さきにも述べたように、その行程は全くプラグマティックである。予測が当たれば、それが全てなのである。したがって、科学は真理の探究ではない。科学の仕事は、モデルを介しての、現象の予測なのである。ここにおけるモデル、それがウィトゲンシュタインの言う「網」に他ならない。

さて、そうだとすると、科学は現象を説明するものではない、ということになる。しかし、論理的厳格さで言うと、そう言わざるを得ないのである。なぜなら、科学には論理的必然性がないから、である。論理的必然性の無いところでは、予測は出来ても、説明は不可能なのである。

説明の典型的な例は、幾何学における証明である。例えば、三角形の内角の和は2∠R

（二直角）である。これは、次のようにして証明される（図5を参照）。

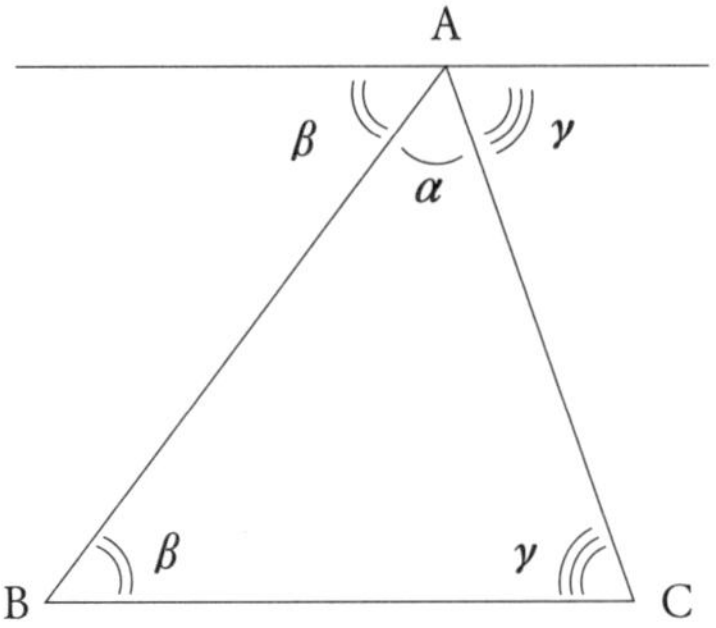

図5

三角形ABCにおいて、頂点Aの内角をα、頂点Bの内角をβ、頂点Cの内角をγとする。そして、頂点Aを通って、底辺BCに平行な直線を引く。すると、辺ABと平行線のなす角は、（錯角の定理により）βに等しく、辺ACと平行線のなす角は、（錯角の定理により）γに等しい。したがって、内角の和α＋β＋γは、2∠Rとなる。

この証明の各ステップは、一本道である。それ以外の可能性は、考えられない。したがって、この証明は、説明になっている。証明された人は、これで納得するのである。

しかし、例えば科学の法則には論理的必然性がない。別の法則の成り立つ世界も、考えられ得るのである。そしてその世界は、語ることは勿論のこと、絵に描くことも、アニメで映画にすることも、可能なのである。そこにおいては、論理的矛盾がないから、である。即ち、法則だけが異なっていて、それ以外は全てこの世界と同じように成り立つ世界、というものが、考えられ得るのである。その世界においては、人間の知情意のすべて、そして言語、論理、数理も含めて、すべてがこの世界と同じように成り立ち、ただ法則だけが変わっているのである。かつて、ジョージ・ガモフという一流の理論物理学者が、光の速度が遅い世界や、エネルギーの最小単位を決定するプランク定数の大きな世界を描いた本を幾冊か出版して、大いに読まれたことがあった。そのうちの一冊に、『不思議の国のトムキンス』というのがあって、特に話題になった記憶がある。ポイントは、法則だけは、今の法則である必然性はない、という事である。別の法則でもあり得たのである。今の世界は、無限に多くの可能世界のうちの、たまたまの一つに過ぎないのである。そうであるとすれば、法則による推論には、論理的必然性はない、と言わざるを得ない。したがってそこには、予測はあり得ても、説明はあり得ないのである。法則として、例えば、「AならばBである」というものを考えてみよう。この場合、

AならばBである。

Aである。

故に、Bである。

という推論は、必然的である。しかし、肝心の「AならばBである」という前提に必然性がないのだ。したがって、「Bである」という結論にも必然性はない、ということになる。この必然性のなさ、ここに、科学と数学、更には論理学との、根本的な相違がある。はっきり言って、科学の基本法則には、必然性がない。だからこそ科学は、次々と否定され、その否定の上に新しい科学が発展してきたのである。これを、「科学革命」と言う。古典力学、相対性理論、量子力学というように、である。勿論、数学も次々と発展してきた。しかし数学は、前の理論の否定の上に成立したわけではない。例えば「非ユークリッド幾何学」は、「ユークリッド幾何学」とは別の、新しい一つの幾何学であるに過ぎない。相対性理論の立場からすれば、古典力学は実は間違っていたのであるが、非ユークリッド幾何学の立場からしても、ユークリッド幾何学は決して間違っているわけではない。それは、一点の曇りもなく、正しく成り立っているのである。

　では、そもそも説明とは何か。説明が説明であるためには、そこに内的必然性がなくてはならないのである。我々は、定規で三本の線を引き、そこに三角形を描く。するとそこに、自然に必然的に、三つの角が生じ、しかも、自然に必然的に、その和は2∠Rになっているのである。ここにおいて我々は、改めて三つの角の和を2∠Rにする作業をする必要はない。

これが、「内的必然性」ということの意味である。そして、説明とは、この内的必然性を外に出す作業である。インプリシットなものをエクスプリシットにすること、なのである。見えないものを見えるようにすること、なのである。一口で言えば、説明とは、「内在」しているものの「見える化」――「可視化」――なのである。

私は、A氏がB氏に、今年の一月から毎月の月初めに十万円ずつ渡している事を知っていた。この六月にも、一日に十万円を渡した事を知っていた。そこで私は、A氏はB氏に、来月も月初めに十万円渡すであろう、と予測した。そして、その予測は当たった。そこで私はこう言った。「A氏はB氏に今年の一月から、月初めに十万円ずつ渡している。だから、今月も十万円渡したのだ。」しかし、これはおかしい。これは何の説明にもなっていない。なぜならば、一月から六月まではそうだったとしても、七月にも同じようにすることには、何の必然性もないからである。確かに予測は当たった。これはこれで、メデタシ、メデタシである。しかし、そのことの説明は、また別の事なのである。では、その説明は、するとすれば、どうすればよいのか。

A氏は言った。「私はB氏から百万円借金した。そして今年の一月から、毎月月初めに十万円ずつ返す約束になっていた。だから私は、毎月月初めに十万円ずつ返金していたのだ。」これで、A氏の行為のわけが分かった。A氏の内面にあった――「内在」していた――理由が、外に現れたのである。A氏はB氏に毎月十万円ずつ返さねばならなかったのである。これが、A氏の行為の理由であった。これで、A氏の行為の説明がついたのである。説明とは、「内在」していた内的理由の表出なのである。

　結語。科学の本質は、説明ではなく、予測なのである。説明は、「内在」していたものを表に出すことであるのに対し、予測は単なる外挿でもよいのである。「今までこうであったから、今度もこうであろう」という外挿でよいのである。それはそれで人間にとって非常に有用であるが、理解には寄与しない。特に、人間を科学しても、人間存在の理解には寄与しない。医学は人間の寿命を延ばしてくれるであろうが。

　最後に一言。それでは、いわゆる「科学的説明」なるものは説明ではないのか。論理的厳格さで言うならば、そうなのである。しかし、それではあまりに厳格に考えすぎだ、と言われよう。そうすると、説明と証明とが同じになってしまうから。しかし、一度はそこまで厳格に考えておくことは、科学の本質を考える上では、必要な事であると思う。「科学的説明」なるものは、説明としては、いわば「疑似説明」なのである。それはもちろん、予測という点からすれば、非常に有用である。したがって、この点からすれば、科学の本質は、説明のではなく、予測の技術の巨大な体系である、と言ってもよい。

*

最後にもう一言、蛇足を付け加える。

この拙著をお読みいただいている方は、もしかして、私を、ずいぶん奇妙な事を言うやつだ、とお思いになるかもしれない。しかし私は、決して理性の限界を踏み外してはいないと思う。私が肯定的に引用したライプニッツも、ウィトゲンシュタインも、西田幾多郎も、大森荘蔵も、みんな時には眼を疑うような事を言う。しかし、よく考えてみると、全く理に適っているのである。そして私の言う事も、よく考えてみてほしい。全く理に適っているはずである。

さて、先の四名には共通している事がある。それは、彼ら四名にはみな理数系の素養があった、という事である。ライプニッツは、微分積分を発見した人類史上最高の数学者であり、西田幾多郎には、将来の進路を数学にするか哲学にするかと迷ったほど、数学の才があったのである。大森荘蔵は、学部は理学部物理学科の出身である。そしてウィトゲンシュタインは、と言えば、彼は、若い頃は、航空工学を研究し、それから数学をへて数学の基礎に転じ、そこから現代論理学の申し子になった人、なのであった。(詳しくは、拙著『ウィトゲンシュタインの生涯と哲学』勁草書房、一九八〇年を参照。) したがって、ライプニッツが神を「善神」であるとした事を唯一の例外として、彼らが、理性の限界を踏み外すはずはないのである。そしてもちろん私も、そうなのである。

では一体、理性の限界を踏み外さない、とはどういう事か。その一つの目安は、結局、奇跡を認めない、という事であろう。そしてライプニッツは、奇跡を認めないのである。彼は、『形而上学序説』で、こう言っている。

> 奇跡は、下位の公理には反しているけれども、普遍的秩序には適っている。……（中略）……宇宙の全過程を支配する、神の最も普遍的な法則には例外はない。（第七章）

結局、奇跡は存在しないのだ。

おわりに

平均寿命を越え、米寿をも越えた私の人生も、あと残りわずかとなってきた。もしかして、これが最後の出版物になるかもしれない。しかし、それはそれでかまわない。生は不可避的に死を引きずっているのであるから、生だけを歓迎し、死を忌み嫌うのは、身勝手なおかしな話ではないか。荘子の「万物斉同の世界観」からすれば、生を歓迎すれば、同時に死をも歓迎せざるを得ず、死を忌み嫌うのであれば、生をも忌み嫌うべきなのである。死は生の不可分の同伴者なのであり、生は、その意味では、縁起の悪いことでもあるのだ。

生死を超越し得ないわれわれとしては、生を歓迎すると同時に、死をも嫌がらずに静かに歓迎すべきなのである。これが、「万物斉同の世界観」の必然的結果であろう。そうだとすれば、死ぬことは、人間最後の受け入れるべき義務のように思われる。死は、義務を遂行する尊い所業なのだ。漱石に「死は生よりも尊とい」（『硝子戸の中』の八）という言葉がある事が思い出される。

末筆ながら、このたびも私の原稿をていねいに読んで頂き、適切に編集してくださった小林公二氏に厚く御礼申しあげます。

二〇一七年二月

黒崎　宏

初出一覧

語り得ぬもの　『秋月龍珉著作集』第一三巻・月報九、三一書房、一九七九年。
「描く」という事について　原題「『描き込み』について」誠信書房月報『新刊の眼』No.八九、vol.八―八、一九八二年。
古典について　『大乗禅』No.七八二、一九八九年。
教師について　同前。
私は私である　原題「研究所の四季」（一三）、『成城学園教育研究所報』、一九九〇年。
行為論二題　『成城文芸』第一三五号、一九九一年。
科学者の科学知らず　原題「『教養として科学を学ぶ』ということについて」『成城教育』第九〇号、一九九五年。
テクスト身体論序説　『成城文芸』第一五六号、一九九六年。
言葉について　『成城教育』第一二〇号、二〇〇三年。
ライプニッツ試論　成城大学大学院文学研究科「ヨーロッパ文化研究」第三四集、二〇一五年。
補説　同前。

なお、書き直し、書き加え、一部削除をしたものもあるが、実質的には変わりがない。また、上記一覧にないものは本書が初出である。

黒崎　宏　*Hiroshi Kurosaki*
1928年生まれ。東京大学大学院哲学研究科博士課程単位取得退学。長らく成城大学教授を務め、現在は、成城大学名誉教授。著書に『ウィトゲンシュタインの生涯と哲学』（勁草書房）、『ウィトゲンシュタインから龍樹へ——私説『中論』』（哲学書房）、『純粋仏教——セクストスとナーガールジュナとウィトゲンシュタインの狭間で考える』『理性の限界内の般若心経』『〈自己〉の哲学——ウィトゲンシュタイン・鈴木大拙・西田幾多郎』『啓蒙思想としての仏教』（以上、春秋社）など多数。編著に『ウィトゲンシュタイン小事典』（共編、大修館書店）がある。

悪　の　起　源

ライプニッツ哲学へのウィトゲンシュタイン的理解

2017年3月25日　第1刷発行

著者——————黒崎　宏
発行者—————澤畑吉和
発行所—————株式会社　**春秋社**
〒101-0021 東京都千代田区外神田2-18-6
電話 03-3255-9611
振替 00180-6-24861
http://www.shunjusha.co.jp/
印刷・製本———萩原印刷　株式会社

ISBN978-4-393-32369-4
定価はカバー等に表示してあります